Die Deutsche Nationalbibliothek verzeichnet diese Publikation in der Deutschen Nationalbibliografie; detaillierte bibliografische Daten sind im Internet über http://dnb.d-nb.de abrufbar.

Meyer, Christian
Texte zum Aufwachen
1. Auflage 2009

verlag@zeitundraum.org
www.zeitundraum.org
Satz: schramms graphik-design & digital media art
Titelbild: Christian Meyer 1996
Fotos: Bert Löwenherz
Druck: Fuldaer Verlagsanstalt
Redaktion: Helga Knocke
Projektleitung: Sandra Kloss
ISBN: 978-3-00-026651-5

Christian Meyer

Texte zum Aufwachen

Verlag zeit-und-raum

Inhalt

Vorwort

Der Mensch sehnt sich danach glücklich zu sein. Glücklich zu sein ist viel mehr als nur Zufriedenheit – es ist die Sehnsucht, im Einklang mit sich, mit den Anderen und der Welt zu sein. Aber es ist noch mehr: Die Sehnsucht nach Ganzheit und nach dem Eins-werden, die Sehnsucht nach wirklicher Liebe und lebendigem Frieden. Von dieser Sehnsucht handelt das Buch.

Die Weisheit des Aufwachens ist so alt wie die Menschheit, überliefert seit der Zeit, seit es Schriftzeichen gibt. Zu Beginn des letzten Jahrhunderts verbreitete sich diese Weisheit auch im Westen wieder stärker – das Yoga wurde im Westen bekannt, Hermann Hesse schrieb Bücher wie „Siddartha", dem berühmten Jiddu Krishnamurti hörten während seiner Sommerseminare Tausende Menschen zu und der bekannte Psychologe Carl Gustav Jung gab Bücher über indische Weisheit heraus und eben auch ein Buch über den – wie viele sagen – größten indischen Weisen der Neuzeit: Ramana Maharshi. Von diesem Weisen handelt der erste Teil dieses Buches, und eigentlich das ganze Buch.

Die Stimme dieser Weisheit, die mit der Aufklärung im Abendland leiser wurde, wurde zum Ende des letzten Jahrhunderts wieder deutlicher vernehmbar. Gegenwärtig gibt es – ziemlich genau seit 1990 – etwas Neues: Es ist offensichtlich viel leichter geworden aufzuwachen. Während es früher sehr selten war, dass ein Mensch, wie es damals hieß, Erleuchtung fand, wachen heute viele Menschen auf. Es ist für jeden und jede möglich geworden. Mit dem Aufwachen meine ich nicht nur einen Bewusstseinswandel. Damit meine ich auch nicht nur wacher und bewusster zu werden, sondern ich meine das radikale, vollständige und dauerhafte Aufgewacht-sein in der Erfahrung des Einsseins, der Stille des Verstandes; das Aufgewacht-sein als das, was die wahre Natur des Menschen ist: Leere, Bewusstsein und Liebe – Frieden, tiefe Freude und glücklich sein. Davon handelt dieses Buch.

Dabei werden grundlegende Fragen des Aufwachens ganz und gar praktisch, konkret und zugleich tief greifend erörtert: Kann der Einzelne etwas tun, um aufzuwachen? Was bedeutet «Alles anzunehmen so wie es ist?», «Die Begegnung mit dem inneren Sterben?» oder «Was ist jenseits von Hoffnung und zugleich jenseits von Hoffnungslosigkeit?»

Das vorliegende Buch entstand aus Dialogen einer Reihe von Treffen und Wochenendseminaren. Sie bestehen zum Teil aus Lehrgesprächen, zum Teil auch aus Übungen, Trance-Übungen, Innenreisen oder Übungen, die zu zweit mit abwechselnder Rolle durchgeführt werden. Gerade die Übungen, die als Partnerarbeit zu zweit und mit einiger Erfahrung auch alleine gemacht werden können, sind ein wichtiger Bestandteil meiner Arbeit. Es sind keine Übungen, in denen es etwas zu lernen gäbe. Es sind Übungen im radikalen Anhalten und innerem Stillwerden.

Ich wünsche allen Leserinnen und Lesern viel Freude mit diesem Buch. Es braucht nicht in der angegebenen Reihenfolge gelesen zu werden, man kann mit Punkten beginnen, die einen ansprechen oder auch das Buch an einer beliebigen Stelle aufschlagen. Wenn das Buch mit klarem Verstand und offenen Herzen gelesen wird, können sogar die geschriebenen Worte die Energie der Stille übertragen und das Aufwachen anstoßen und unterstützen.

Ich danke meinem Lehrer Eli Jaxon-Bear, der Brücken schlug zwischen der östlichen und westlichen Weisheit und der mir half, die Wahrheit über das menschliche Sein zu erkennen. Ohne ihn wäre dieses Buch sicher nicht entstanden. Ich danke allen, die mit großem Einsatz zum Gelingen des Buches beigetragen haben, vor allem Sandra Kloss, Helga Knocke, Sabine de Günther und Alexandra Buck. Besonderer Dank gilt meiner Frau und Lebensgefährtin Angelika Winklhofer, darüber hinaus all jenen, die durch ihre klugen Fragen, ihre offene Haltung und ihren unerschrockenen Mut zur Selbstergründung jedes Treffen, jedes Seminar und jedes Retreat zu einem Abenteuer des Aufwachens werden lassen.

Christian Meyer
zum Jahreswechsel 2008/2009

Ramana Maharshi 1879 – 1950

Erster Teil
Das Aufwachen, die Energie und der Körper

Ramana Maharshi und der Weg der inneren Erfahrung

1895 war Ramana in Indien ein normaler Schuljunge, 16 Jahre alt, der sich weder für Religion noch für andere Schulfächer sonderlich interessierte. Er spielte gerne Fußball.

Eines Nachmittags hatte er die innere Gewissheit, sterben zu müssen. Nachdem die Angst ihn überkommen hatte, sagte er sich: „Gut, wenn ich jetzt sterben muss, dann will ich wenigstens genau mitbekommen, was da geschieht." So legte er sich auf den Boden. Zu Sterben war für ihn in diesem Augenblick eine solche Tatsache, dass er innerlich mit dem Leben abschloss und darüber hinaus alles losließ, was loszulassen war.

Was geschieht in einem solchen Moment? Jeder kann es nachvollziehen, wenigstens sich vorstellen.

In dem Augenblick, da du weißt, dass du stirbst, gibst du alle Pläne für die Zukunft auf. Das ist ein sehr bemerkenswerter Umstand. Du gibst jeden Plan, auch jeden Wunsch für die Zukunft auf! Bis dahin lebst du ja mit Wünschen und Forderungen, die aus der Vergangenheit herrühren, Dinge wieder gut zu machen oder von anderen einzufordern, anderes zu Ende zu führen oder zu wiederholen und zu verbessern. Die Vergangenheit darf noch nicht ruhen, weil du diese Pläne für die Zukunft hast, in der du alles noch korrigieren willst. In dem Moment, in dem du bereit bist zu sterben, gibst du die Zukunft auf und damit söhnst du dich mit der Vergangenheit aus. In dem Moment, wo du keinen Plan mehr hast, sagst du automatisch zu der Vergangenheit: „Ja, es war so, wie es gewesen ist."

In dem Moment, in dem du keinen Plan mehr hast, keinen eigenen Willen, keinen eigenen Wunsch, kann der Körper endlich ganz loslassen, sich wirklich auf einer viel fundamentaleren Ebene entspannen, als du normalerweise Entspannung kennst. In dem Augenblick, wo die Seele, der Geist und der Körper so vollständig loslassen – und das ist das, was Ramana erfahren hat – fällst du in den inneren Abgrund, in die Leere und in die Unendlichkeit.

Weil Ramana auf diese Weise merkte, dass auf einmal alles anders war und er in dieser Glückseligkeit schwebte und verweilte, verlor er das Interesse an der Schule und sein älterer Bruder fragte ihn: „Warum gehst du eigentlich noch zur Schule? Du hast ja gar kein Interesse mehr daran!" Diesen neckenden Satz nahm er für bare Münze und sagte: „Ja, der Bruder hat recht, also höre ich mit der Schule auf."

Er hatte vom heiligen Berg Arunachala gehört und verspürte den Wunsch, dorthin zu fahren. Er borgte sich etwas Geld und fuhr mit dem Zug nach Tiruvannamalai, am Fuße des Arunachala. Dort saß er dann 2 Jahre in dem kleinen Tempel und spürte in dieser Glückseligkeit, in der er verweilte, keinen Impuls und kein Interesse aufzustehen. Zum Glück gab es Menschen, die ihm immer etwas Essen vor die Füße stellten. Nach einiger Zeit kam jemand und las ihm heilige Texte vor. Das soll das erste Mal gewesen sein, dass Ramana mit den heiligen überlieferten Texten wirklich in Berührung gekommen ist. Mit der Zeit kamen Menschen zu ihm, einfach weil es heilsam war, in seiner Gegenwart zu sitzen. Dann fingen sie an, ihm Fragen zu stellen und nach und nach begann er, diese Fragen auch zu beantworten.

Dieses Ereignis ist ein ungeheueres Glück für uns. Ramana erfuhr das Aufwachen ohne irgendeinen Hintergrund von Tradition, ohne dass er irgendwelche Übungsrituale gemacht hätte, einfach durch diesen simplen Akt: Er war bereit zu sterben, war bereit sich hinzugeben und sich dem zu überlassen, was geschieht, ohne am eigenen Willen festzuhalten. Er erfuhr das Aufwachen durch diesen inneren Entscheidungsakt, der auf dem Verlangen basierte zu entdecken, was während des Sterbens geschieht und ob es etwas gibt, das das Sterben überlebt. Er wollte die Wahrheit entdecken über das, was geschieht. Später sollte er öfter einen alten Satz aus den Upanishaden zitieren, der sinngemäß lautet: „Wenn du nach der Wahrheit so sehr verlangst, wie ein Mensch unter Wasser nach Luft zum Atmen, dann wirst du im selben Augenblick aufwachen."

Weil er auf diese Weise das Aufwachen erfuhr ohne jeden Hintergrund von Tradition, Ritualen, kirchlichen Gesängen und anderem, war er später in der Lage, das Aufwachen und den Prozess des Aufwachens so klar und einfach zu vermitteln und zu lehren, wie wahrscheinlich noch niemand vor ihm. Das führte dazu, dass er sehr viele erwachte Schüler hatte, die das Aufwachen weiter trugen in der Lehre der Nichtlehre, in dem Wissen, dass man nichts tun kann außer anzuhalten.

Ramana sagte:

„Meine ganze Methode lässt sich in einem Satz mit zwei Wörtern zusammenfassen: Sei still!"

Denen, die immer fragten: „Was ist mit den Übungen, dem Mantra-Singen und mit dem anderen, was wir jetzt seit Jahrtausenden tun?", sagte er: „Hör auf. Frag dich, wer ist derjenige, der das Mantra singt, wer ist derjenige, der die Übung macht. Finde heraus, wer das ist, finde heraus, worin deine wahre Natur besteht!" Das ist kein intellektueller Weg, kein Weg des Nachdenkens und Grübelns, sondern ein Weg der inneren Erfahrung. Seitdem verbreitet sich das Aufwachen wie ein Flächenbrand immer mehr über die ganze Welt. Die meisten zeitgenössischen spirituellen Lehrer des Westens lassen sich direkt oder indirekt auf Ramana Maharshi oder einen seiner Schüler, vor allem Sri Poonjaji zurückführen. Mit Fug und Recht kann gesagt werden, dass das, was wir hier im Westen seit Beginn der neunziger Jahre als einen vorher unvorstellbaren spirituellen Aufschwung erleben, ohne Ramana Maharshi nicht denkbar gewesen wäre.

Was also ist nötig, um aufzuwachen? Natürlich das Bewusstsein, dass man es nicht selber tun kann, wie man ein Haus bauen, ein Brot backen oder eine Sprache lernen kann, sondern, dass es ein Geschenk ist, eine Gnade. Aber ein Geschenk, eine Gnade, auf die ich nicht einfach die Hände in den Schoß legend warten könnte, sondern eine Gnade, für die ich mich öffnen und gegenüber der ich mich unwiderstehlich machen kann, indem ich *anhalte*.

Wenn du dein Leben und deine jetzige Situation anschaust, nimmst du in dir tausende von Impulsen wahr – aus der eigenen Vergangenheit, der Vergangenheit der Familie und der Ahnen, der Gesellschaft und der Geschichte, ebenso aus der Charakterfixierung. Alle diese Impulse sind in der jetzigen Situation wach und treiben dich dazu, irgendetwas zu tun. Das ist das, was im Osten das Karma genannt wird. Es ist dieses Getriebensein, etwas zu tun, etwas zu wollen, etwas zu machen, nach etwas zu verlangen und zu streben.

Deine Aufgabe ist: Anzuhalten! Anzuhalten und zu schauen, was ist, anzuhalten und zu fühlen, was ist – anzuhalten! Wie Ramana sagt: „Meine Methode lässt sich in dem einen Satz zusammenfassen: Sei still, halte an!"

Es würde reichen, wenn der Lehrer dasitzen würde und auf jede Frage und auf alles, was kommt, sagen würde: „Halte an! Sei still, beweg dich nicht mehr und schau, was geschieht!"

Das ist alles. Dann kommen die Gefühle hoch, die Schmerzen, die Sehnsucht, die Freude, die Angst, die Verzweiflung...dann ist die Stille da, die Leere und die Unendlichkeit. Alles kommt hoch, du hältst an und bist still.

Diese vielen Impulse der ganzen Menschheitsgeschichte, die sich in dir kristallisiert und manifestiert haben, basieren auf der Grundhaltung: «Ich brauche!» «Ich brauche andere Menschen, ich brauche Anerkennung und Sicherheit.»

Der Körper auf der organischen Ebene braucht Nahrung in bestimmtem Umfang, Sauerstoff, Licht, bestimmte Wärme, und das ist in Ordnung. Wenn sich plötzlich die Seele und der Geist dieses «Ich brauche» auch zu eigen machen wie: «Ich brauche Liebe», «Ich brauche Anerkennung», «Ich brauche von der oder dem eine Entschuldigung», «Ich brauche unbedingt, dass der Vater stolz auf mich ist», dann ist das eine Verrücktheit.

Da der Mensch seiner eigenen inneren Wahrheit so weit entfremdet ist, dass er keine Orientierung in sich findet, und die ganze soziale Konditionierung dies verstärkt, ist die zweite Grundhaltung: «Ich sollte!»

Wenn du jedoch gegenüber allen Impulsen anhältst und still bist und dadurch den inneren Abgrund, die Leere und die Unendlichkeit erfährst, dann entdeckst du, dass du vollkommen erfüllt bist, dass du mehr als erfüllt bist, dass du selber die Liebe bist, nach der du suchst, dass es an nichts mangelt. Du entdeckst, dass du, indem du nach den äußeren Objekten gegriffen hast, einer Fata Morgana gefolgt bist. Am Anfang steht das Anhalten und das Still-Sein, das auf einer inneren Entschlossenheit und Entschiedenheit basiert, selbst wenn es schmerzt, ängstigt oder Kraft kostet.

Die Gefühle schreien danach, etwas zu tun, um Anerkennung, Liebe, Sicherheit, Lob und Beachtung zu bekommen. Wenn du anhältst, hört das natürlich zuerst nicht auf, es hat ja über hunderttausend Jahre funktioniert. Im Gegenteil, wenn du anhältst, hörst du dieses innere Schreien deutlicher. Bisher hast du ja viel davon durch oberflächliche Kontakte und Beziehungen kanalisiert, durch Sprechen, Erzählen, Tun und Ablenken. Alles ist diffus und verdeckt. Es tut nur in bestimmten Momenten weh, dann, wenn es dich aus der Bahn wirft. Wenn du jetzt wirklich anhältst, merkst du, wie dieser Gefühlsorganismus, dieser Körper «haben will». Du sagst: „ Aha!“ und bleibst still. Die Entdeckung, so erfüllt zu sein, dass du gar nichts brauchst, dass alles Brauchen nur eine fixe Idee war, kommt ja erst ein bisschen später. Das ist ein Teil des Spiels. Der Organismus ist darauf aus, sofort etwas zu bekommen, sofort mehr Eiscreme oder Lob. Hier ist es so: Du musst erst anhalten. Erst später entdeckst du: Oh, das Erfüllt-sein ist schon da.

Wirklich anhalten, wirklich still werden! Wenn da der Gedanke ist: „Das Aufwachen ist eine Gnade, ist ein Geschenk, ich kann und brauche gar nichts zu tun“, ist das natürlich eine Falle. Wenn du nichts machst, öffnest du den unzähligen Impulsen, die bisher dein ganzes Leben und Verhalten bestimmt und regiert haben, wieder Tür und Tor, sie wirken ja weiter. Wenn du nichts machst, wird es noch die nächsten 250 000 Jahre so weiter gehen. Du musst erst einmal dafür sorgen, dass du nichts machst. Halte an, sei still, bewege dich nicht.

Ich fragte einen Freund, der mit seinem Segelboot quer über den Atlantik segelt: „Was machst du eigentlich, wenn du auf dem Meer bist und plötzlich kommt ein Sturm?“ Er sagte: „Ich nehme die Segel herunter und binde mich am Mast fest.“ Wenn man die Antwort hört, erscheint es ganz einsichtig. Was sollte vernünftiger sein, als sich am Mast festzubinden? Alles andere, sich an der Reling festhalten zu wollen oder sich in der Kajüte in Sicherheit bringen zu wollen – völlig aussichtslos. Das ist ein gutes Bild für deine Situation: Wenn du anhalten willst, dann sind die ganzen Impulse da wie ein Sturm. Wie gesagt, erst wenn du anhältst, merkst du sie deutlicher. Und du bleibst stehen! Du hast nicht die Möglichkeit, dich mit einem Strick anzubinden. Dadurch wäre es leichter. Du musst am Mast stehen bleiben, so als wenn du angebunden wärest mit der Kraft des Geistes. Das ist, worauf es ankommt. Dann kommen die Impulse hoch, dann kommt plötzlich alles hoch, was da ist und hat die Chance, verbrannt zu werden. Es hat einfach – indem du still bist – die Chance, verbrannt zu werden. SEI STILL.

Still sein bedeutet, sich nicht zu bewegen. Es bedeutet, sich gegenüber dem Lärm, der hochkommt, still zu verhalten, sich dem ganzen «Sturm» auszusetzen und still zu bleiben; weder dagegen anzurennen noch davor wegzurennen, noch irgendwohin zu rennen, einfach still zu sein. Dann merkst du plötzlich, dass Gefühle hochkommen und dass die Gefühle verbrennen. Dann merkst du, dass dein Herz größer ist als die Gefühle, die hochkommen, dass dein Herz viel, viel größer ist, als du vorher dachtest. Wenn auf diese Weise alle Impulse, die auftauchen, verbrennen, dann verbrennt das Ich. Denn das Ich ist nichts anderes, als diese fixe Idee: «Ich brauche» und «Ich sollte.» Ohne diese fixe Idee fällt das Ich zusammen wie ein Kartenhaus.

Wenn du all das wirklich tust, was mit dem einen Satz: «Sei still!», mit der einen Aufforderung: «Halte an!» gemeint ist, dann sind Tür und Tor offen für die Gnade, die dann geschehen kann.

F: *In den Schriften von Ramana und den anderen nachfolgenden Lehrern liest man ja immer wieder, dass er auf Fragen antwortet: „Finde heraus, wer da fragt!" oder „Wer ist derjenige, der das will?" Ich habe mich immer gefragt, was er konkret damit meint. Jetzt, nach deinen Ausführungen, denke ich, dass es die Arbeit ist, die wir hier tun, nämlich dieses Spüren, was im Augenblick ist. Ist das genau dieses Suchen, nach dem, der da sucht? Ist das identisch damit?*

C: Ja. Ramana sagt auch auf die Frage: „Wer ist das, der da üben will oder fragt?", dass es nicht mit den Gedanken und dem Verstand beantwortet werden kann und dann gibt er den Ratschlag, alles was auftaucht zurück zu verfolgen zur Quelle. Zurück zu verfolgen über den Ich-Gedanken, und der Ich-Gedanke ist «Ich brauche», «Ich sollte» und «Ich will». Deswegen ist diese Frage: „Was will ich?", so wichtig. Diese Frage nach der wirklichen Natur, nach dem wirklichen Wesen ist eine Frage der Erfahrung und nicht eine Frage des Verstandes und deswegen ist auch die Frage: „Was erfahre ich im Augenblick?" so wichtig. Die dritte Frage ist: „Wer bin ich?" Diese drei Fragen sind wie der innere Kompass auf dem Weg zum Aufwachen. Es ist ein Weg, der kein Weg ist, Fragen ohne einen Fragenden und das Ende der Suche.

Chakren – Atemübung

Geh mit Deiner Aufmerksamkeit zum Atem und atme zwei-dreimal mit einem hörbaren Seufzer aus. Mit diesem Seufzer kann Anspannung wegfließen...

Jetzt nimm wahr, welche Bewegung im Körper ist. Der Atem macht eine Bewegung, einen ganz bestimmten Rhythmus des Einatmens und Ausatmens. Ein Rhythmus von Nehmen von der Welt und wieder loslassen. Ein Rhythmus von Zugehen auf die Welt, in die Welt hinein – und dich wieder zurücknehmen und zurückziehen. Ein fortwährender Rhythmus, der in jedem Augenblick besonders ist. Mal ein tieferes Einatmen und Ausgreifen, mal ein sanfteres. Mal spürst du das Lufholen stärker, das Einatmen, das Zugehen auf die Welt, und mal ist die andere Seite mehr betont, das Loslassen, das Zurücknehmen...

Und da ist die Stille zwischen den Atemzügen, diese kleine Pause, die ein natürlicher Moment und Hinweis auf die Stille ist.

Atme am besten durch den Mund, weil der Körper dann leichter atmen kann. Jetzt stell dir vor, dass das Einatmen am unteren Punkt deines Rumpfes beginnt, im ersten Chakra, und dann das Einatmen von dort aus den ganzen Rücken hinauf fließt entlang der Wirbelsäule, und während die Energie hinauf fließt, durch den Kopf bis zum Scheitel, fließt sie beim Ausatmen in der Vorderseite des Körpers wieder herunter zum unteren Punkt des Rumpfes, wo dann wieder ein Einatmen den Rücken hinauf beginnt, so dass dieses Atmen einen Kreis bildet, einen inneren Kreis des Aufsteigens der Energie beim Einatmen entlang der Wirbelsäule, und ein Absteigen der Energie beim Ausatmen auf der Vorderseite des Körpers. Und dabei werden die Atemzüge etwas tiefer, so tief, wie es für Dich passend und stimmig ist. Lass bei jedem Atemzug Anspannung los. Gerade wenn der Körper die Anspannung loslässt und weg fließen lässt, wenn der Körper weicher wird, kannst du mehr und mehr den Energiefluss spüren. Vielleicht spürst du den Energiefluss besonders deutlich den Rücken hinauf, verbunden mit einem Vibrieren und Strömen, das sich über den Rücken und den ganzen Rumpf ausbreiten kann, je mehr du loslässt und gleichzeitig in diesem Kreis atmest, desto mehr spürst du ein Strömen, Vibrieren oder Pulsieren. Je mehr du den Körper loslässt, desto spürbarer ist dieses energetische Strömen. Auch dabei kannst du natürlich jedes Gefühl, das auftaucht, einladen und willkommen heißen. (Pause)

Jetzt kannst du deine Aufmerksamkeit, während der Atem ruhig so weiter fließen kann, auf das erste Chakra an der Wurzel deines Rumpfes richten, am untersten Punkt, und die Energie spüren, die dort spürbar ist. All die Energie, die mit deinem materiellen Leben zu tun hat, die Lebensenergie, wo es um das grundlegende Überleben geht, um den Körper, um die Haut, um die Nahrung und die Wärme im Winter. Und diese Energie, die du am unteren Ende des Rumpfes spürst, kann sich ausdehnen und ausströmen in den ganzen Körper hinein...(Pause)

Dann kann deine Aufmerksamkeit ein wenig höher gehen, zum Sexual-Chakra. Auch hier kannst du die Energie spüren, die Energie, die sich darauf bezieht, einen Partner zu finden, Mann oder Frau zu finden, die Energie, die sich auf die Sexualität bezieht, auf die Beziehung und auf die Vermehrung. Du kannst die Energie spüren und dann kannst du spüren, wie sie sich in den ganzen Körper hinein ausdehnt...(Pause)

Jetzt wanderst du höher, auf die Höhe des Solarplexus zum dritten Chakra. Hier geht es um die Energie der Kontrolle, der Macht, des Durchsetzens, die Energie der Wut und um die Energie, die du brauchst, um dich in der sozialen Gruppe einzubringen, durchzusetzen, zu behaupten oder zu verbinden. Und auch diese Energie kannst du spüren und dann spüren, wie sie sich in den ganzen Körper ausdehnt...(Pause)

Und dann wanderst du wieder höher, auf die Höhe des Herzens in der Mitte des Körpers. Da ist das vierte, das mittlere Chakra, das Herz-Chakra. Hier ist die Energie der Liebe. Und Liebe bedeutet, alles anzunehmen, alles zu umarmen und zu umfassen. Alles was da ist und genau so wie es da ist. Angefangen bei dir selbst...und auch diese Energie kannst du spüren und spüren, wie sie sich in den ganzen Körper ausdehnt...(Pause)

Und jetzt kann deine Aufmerksamkeit weiter nach oben gehen – zum Kehlkopf-Chakra. Das ist die Energie der Kommunikation, des Mitteilens und des Verstehens. Den anderen verstehen und dich selber mitteilen. Die Energie des Verstehens und damit auch des Wissens. Spüre diese Energie und spüre, wie sie sich ausbreitet, in deinem ganzen Körper ausbreitet...(Pause)

Dann kannst du weiter nach oben wandern, oberhalb und in der Mitte zwischen deinen Augen. Dort ist das Chakra des dritten Auges. Die Energie der Wahrnehmung, die über die sinnliche Wahrnehmung hinausgeht. Die Weisheit, die über jedes Wissen hinausgeht. Spüre diese Energie und lass sie sich im ganzen Körper ausbreiten...(Pause)

Und jedes Mal kann dein Körper mehr loslassen und dadurch die Energie im Körper spürbarer und spürbarer werden, das Strömen, Vibrieren und Pulsieren...(Pause)

Dann wandere noch weiter nach oben, zum Scheitel. Dort ist das siebte Chakra, das Kronen-Chakra. Das Chakra des Aufwachens, der Erleuchtung und der Verwirklichung. Spüre die Energie dort, die ganze Energie und lass sie sich ausbreiten im ganzen Körper und über den Scheitel hinaus ins ganze Universum...(Pause)

Jetzt lasse dir einen Moment Zeit, wahrzunehmen, was du im Moment fühlst oder erfährst. Und während gleichzeitig der Körper noch mehr loslassen und die Energie noch spürbarer werden kann, kannst du in dieses Gefühl, in diese Erfahrung hineinfallen.

Und wenn du jetzt die Augen öffnest, kannst du ganz bewusst darauf achten, in dieser inneren Erfahrung zu bleiben. Wenn du willst, kannst du damit experimentieren. Die Augen öffnen, und wenn du dann merkst, dass du von der inneren Erfahrung weggehst, die Augen wieder schließen, und noch einmal öffnen und wieder schließen. So lange, bis du ein Gefühl für diese Gleichzeitigkeit bekommst – für Innen und Außen. Wenn Bewegungen im Körper sind, ein Pulsieren oder Zucken oder andere Bewegungen – ‚dann lass diese zu, gib ihnen Raum, weil es heilend ist und heilsam, weil der Körper auf diesem Wege selber dafür sorgt, dass Verspannungen sich auflösen und verbrennen und der Energiefluss stärker wird, die Energie leichter und besser fließen kann.

Der Beginn der Reise im Herz-Chakra

Die drei unteren Chakren repräsentieren das normale Leben und seine Energien. Sie beinhalten deine Konflikte und Themen, mit denen du dich herumschlägst. Sie repräsentieren auch das, was die Charakter-Fixierungen nach dem Enneagramm ausmachen, mit den drei Unterfixierungen, dem ersten Chakra, der Selbsterhaltungs-Fixierung, dem zweiten Chakra, der sexuellen Fixierung und dem dritten Chakra, der sozialen Fixierung. So lange man von den drei unteren Chakren beherrscht wird, ist das Hauptgefühl, mit dem man durch die Welt läuft: „Ich habe Mangel, ich habe zu wenig und brauche mehr. Ich muss mich schützen und sorgen, dass ich das, was ich habe, behalte. Und ich muss kämpfen und andere dazu bringen und manipulieren, dass sie mir das geben, was ich brauche, da ich ohne Anstrengung niemals genügend bekommen würde."

Das ist die Grundhaltung, solange man von diesen drei unteren Chakren beherrscht wird. Das ist nicht so rosig. In Wirklichkeit ist es kein erfreuliches Leben. Das Schlimmste ist diese grundlegende Haltung: „Ich habe zu wenig, ich brauche mehr, und die Welt gibt es mir nicht freiwillig." Daraus folgt dann: „Darum muss ich sie manipulieren, muss ich mich verstellen und ein gutes Bild abgeben, die anderen um den Finger wickeln und beeinflussen. Auch muss ich auf der Hut sein, mich schützen, mich wehren, unbedingt die Kontrolle behalten." Das sind die normalen Haltungen des Menschen. „Wie bei meiner Katze", sagte neulich jemand „Die kommt dann so an und tut so, als wenn sie mich gerne hat, aber die will nur was zu essen. Sie kommt an und nähert sich, aber was sie will, ist ein Fisch." Der Hund macht Männchen, weil er danach einen Knochen kriegt. Was jetzt für den Einzelnen der Fisch und der Knochen ist, das ist verschieden. Welche Art von Lob und Anerkennung jemand haben will, welche Art von Zuwendung welche Sicherheit und Kontrolle – das ist verschieden. Was jemand braucht, das ist der Form nach unterschiedlich. Gewiss ist nur, dass sich der Mensch von den unteren drei Chakren und seinen Energien regieren lässt.

Wenn die Energie jedoch in das vierte Chakra kommt, in das mittlere der sieben Chakren, dann verändert sich alles. Denn das mittlere Chakra ist das Chakra der Liebe und des Herzens. Von dieser Energie aus bist du bereit und offen, alles so anzunehmen und zu umfassen, wie es ist, so dass sich von daher die drei unteren Chakren ganz selbstverständlich verändern. Wenn die Energie wirklich in das vierte Chakra kommt, dann hast du immer noch den Wunsch nach einem Mann oder einer Frau, aber du hast nicht mehr das Gefühl, den anderen manipulieren zu müssen, und beginnst zu verstehen, dass dein Glück nicht davon abhängt. Wenn du in der Energie der Liebe und des Herzens bist, erfährst du das innere Erfüllt-sein durch die Liebe. Und wenn du das erfährst, dann hast du nicht mehr das Gefühl von Mangel. Jedenfalls fängt es an, sich aufzulösen. Also, die Energien der unteren drei Chakren sind immer noch da, aber sie sind nicht mehr beherrschend. Diese Veränderung geschieht im mittleren Chakra. Wenn die Energie noch weiter nach oben kommt und du in die Stille hineinfindest und du gewissermaßen von der Energie des siebten Chakra aus auf alles hinunterschaust, dann verlieren die drei unteren Chakren vollends ihre destruktive Energie. Wenn du anfängst in dieser Energie zu leben, dann hat das einen einfachen Grund: du fängst an die Stille mehr zu genießen und dich mehr daran zu erfreuen als an den Früchten und den Zielen der drei unteren Chakren. Das vollendet sich durch das Aufwachen. Wenn du so vollkommen erfüllt bist von der Glückseligkeit, wem oder was hinterher zu rennen würde dir dann noch einfallen? So wird das menschliche Dasein transformiert.

Die erste Veränderung ist die, in das mittlere Chakra, in das Herz-Chakra zu kommen und von da aus das eigene innere und äußere Leben regieren zu lassen. Da ist die Ichhaftigkeit noch nicht verschwunden, aber es fängt an, dass ihre destruktive Energie nicht mehr wirksam wird. Im Herz-Chakra sein bedeutet ganz einfach, dass du alles annimmst, so wie es ist, und alles umfasst und alles umarmst. Dann hört das Manipulieren auf, dann hört das Haben-wollen auf, dann hört das Gehetzt-sein auf – das ist dann zu Ende. Und dann fängt die Reise gewissermaßen erst richtig an.

Das Fühlen und die innere Erfahrung als Weg des Aufwachens: keine Übungen – nur anhalten

Gefühlswahrnehmung mit dem Tönen

Geh mit deiner Aufmerksamkeit durch deinen Körper und nimm wahr, wo er sich wohl anfühlt und wo vielleicht eine Anspannung ist, ein Druck oder besonders viel Bewegung. Am besten, du öffnest den Mund, weil der Körper dann leichter den Atem so verändern kann, wie der Körper ihn braucht. Dann atme zwei, drei mal mit einem Seufzer aus, dieser Seufzer kann Anspannung lösen und wegfließen lassen...(Pause)

Jetzt nimm wahr, was du fühlst oder erfährst. Lass noch mehr Anspannung los! Lass dich von dem, was du fühlst oder erfährst, ganz ausfüllen. Werde zu dem, was du fühlst.

Jetzt steh auf und finde eine Haltung und einen Ton, der zu dem Gefühl gehört. Achte darauf, dass der Ton nicht zu lang wird. Wenn er zu lang wird, länger als der Atemzug sonst wäre, dann verlierst du dich im Ton und entfernst dich von dem, was du fühlst. Achte darauf, dass der Ton dir hilft, tiefer in das Gefühl hinein zu kommen, gewissermaßen hinein zu schmelzen. Wir wollen den Ton nicht dazu benutzen, das

Gefühl weg zu bringen, nach draußen etwa, sondern das Tönen soll uns helfen, dass der ganze Körper und auch die ganze Seele mit diesem Gefühl mehr und mehr ganz eins werden kann...(Pause)

Achte darauf, dass die Stirn entspannt ist, der Kiefer, die Schultern, der ganze Körper. Entspanne die Brust und den Bauch, so dass der Atem freier und freier wird. Es geht darum, in das Gefühl und den Ton hinein zu schmelzen.

Achte darauf, dass du nichts tust. Manchmal ist die Verführung, etwas zu tun, sehr groß, weil es sich gut anfühlt. Nichts tun bedeutet, alles, auch den Ton, geschehen zu lassen, ganz fließend geschehen zu lassen...(Pause)

Achte darauf, dass der Atem ganz frei fließt, dass der Körper den Atem macht und nicht du. Achte auch darauf, dass du die Anspannung loslassen kannst und mit dem Gefühl nichts tust. Du kannst jedoch wahrnehmen, was das Gefühl mit dir tut, wie es den Atem verändert, wie es den Körper verändert...(lange Pause)

Dann lass den Ton langsam ausklingen und höre dem inneren Ton zu.

Finde wieder deinen Platz, an dem Du dich hinsetzt oder hinlegst. Lass dir Zeit, still zu sein. Gerade in dieser Phase der Stille kannst du oft besonders viel Anspannung loslassen und besonders intensiv die Energie spüren, das Strömen, Vibrieren und Pulsieren der Energie. Tritt jetzt noch mehr zurück, lass den Körper atmen, lass es dich atmen.

(Diese Übung dauert mit den entsprechenden Pausen etwa 30 Minuten, man kann sie aber auch sinnvoll für 5 oder 10 Minuten machen, oder auch eine ganze Stunde.)

Das, was du tun kannst, ist Hingabe. Das ist das Wertvollste, Wichtigste und Wirksamste von allem, was du tun kannst.

Aufwachen bedeutet, keinen eigenen Willen zu haben, sondern statt dessen alles geschehen zu lassen. Um aufzuwachen, kannst du keine Methoden verwenden, in denen du etwas tust. Um aufzuwachen muss ich mich hingeben, alles hingeben statt selber etwas in der Hand zu haben. Jede Methode – ob das auf der Ebene des Körpers, auf der Ebene der Visualisierung, auf der Ebene der Gedanken ist – jede Methode, die darauf basiert, dass ich etwas mache, tue, verstärkt die Struktur des Ichs und bringt mich nur weiter weg vom Aufwachen.

Das Gemeine daran ist, dass man mit vielen Methoden kurzfristig bessere Gefühle erzeugen kann. Durch viele Dinge, die man tun kann, kann man sich angenehmer fühlen als auf dem Weg des Nicht-Machens. Das sorgt dafür, dass nur diejenigen, die es wirklich ernst meinen und diejenigen, die bereit sind, sich selbst aufzugeben, ans Ziel kommen. So betrachtet geht es sehr gerecht zu. Aber selbstverständlich – ihr merkt es selber, auch in der Arbeit jetzt mit dem Körper – gibt es immer wieder den Impuls und manchmal die Versuchung, etwas zu tun. Mit «etwas tun» meine ich zum Beispiel, einen lauteren Ton zu machen als er von alleine kommt oder einen Ton zurück zu halten, der kommen will oder eine Bewegung zu machen, die sich gerade großartig anfühlt, statt zu warten, bis der Körper und ob der Körper eine Bewegung von innen und von alleine macht. Bei einem Gefühl, das hoch kommt, entscheiden zu wollen, ob ich das jetzt haben will oder nicht, mit den Tönen, die von außen kommen, entscheiden wollen oder bewerten wollen, ob ich die jetzt leiden mag oder nicht leiden mag. Alles das ist ein Tun, und die Versuchung, etwas zu tun, ist immer wieder da und immer wieder groß. Das Kriterium, ob du dich damit wohlfühlst oder nicht, ist ein Kriterium, das dich langfristig nicht weiter bringt. Wenn du der Herausforderung Rechnung trägst und die Herausforderung annimmst, diesem Impuls, etwas zu tun, nicht zu folgen – Weggehen ist auch ein Tun, Hinrennen ist ein Tun und Gegenangehen ist ein Tun – und statt dessen still bist, dann taucht eine andere und tiefere Art von Frieden auf. Dieser Frieden ist nicht Resultat davon, dass du dich innerlich ruhig gemacht hast, dieser Frieden taucht von alleine auf und ist ein Geschenk. Er kann dich selbstverständlich vollständig ausfüllen, selbst wenn in diesem Augenblick gleichzeitig innerlich und äußerlich der größte Aufruhr da wäre.

Alle Gefühle, die du machst – durch Vorstellungen, durch Bilder, durch Weggehen – sind nichts wert. Selbst wenn sie sich großartig anfühlen, sind sie nichts wert. Das basiert allerdings auf dem Wissen oder auf der Ahnung – je nachdem, wie weit du vorangeschritten bist – ,dass die Erfahrung von Glückseligkeit mehr als zehnmal 258 000 mal jedes Gefühl von Glück übersteigt. Dass die Erfahrung des Friedens, der mit der Unendlichkeit verbunden ist, hundertmal 743 000 mal jedes Gefühl von Frieden oder Zufriedenheit oder was es dergleichen gibt, übersteigt. Jedes Gefühl, das man machen kann, ist nichts wert. Zuerst kommt es einem natürlich gut vor, dass man sich mit dieser oder jener Übung gute Gefühle verschaffen kann. Zuerst ist es eine Erleichterung. Aber wenn man dann weiter geht, merkt man, dass sich das nicht lohnt und dass man sich selbst betrogen hat, betrogen um die innere Wahrheit und die innere Tiefe.

Sogar schon vor dem Aufwachen kannst du entdecken, dass jedes angenehme und schöne Gefühl – wobei es gute und schlechte Gefühle gar nicht gibt – jedes schöne Gefühl, das von alleine kommt, das von alleine auftaucht, schon 100 mal intensiver und mehr wert ist als ein Gefühl, das du herbei geholt hast oder gemacht hast. Mit simplen Tricks von Phantasiereisen oder Visualisierungen könnten wir uns angenehme Gefühle zuhauf schaffen. Aber die sind nichts wert!

Es hat auch viele Jahre und viele Jahrzehnte gegeben, in denen wir lernen konnten und lernen mussten. In den siebziger Jahren hat Osho nach und nach entdeckt, dass Meditation allein nicht ausreicht, sondern den Menschen künstlicher werden lässt. Deswegen hat er damals der Meditation verschiedene Formen von Therapie hinzu gefügt. Die Art, wie man mit dem Ton damals umgegangen ist, war ganz anders als heute. Damals hat man versucht, mit dem Ton möglichst viel Gefühlsenergie heraus zu brüllen und heraus zu schreien, hat versucht, sich davon zu „befreien" und sich dadurch in einen entspannten Zustand zu begeben. Das hat soweit funktioniert, nämlich den Körper in einen entspannten Zustand zu bringen, aber nicht der wirklichen Befreiung gedient.

Tatsächlich – und so arbeiten wir mit dem Ton – ist es für dich heilsamer, wenn du den Ton nicht machst und nichts heraus brüllst, sondern den Ton nur benutzt, um innerlich die Energie mehr fühlen zu können und die Energie sich innerlich mehr bewegen zu lassen. Das führt auch zu einer Entspannung des Körpers, aber nur als Begleiterscheinung. In erster Linie führt das dazu, dass du auf dieser Reise nach Innen tiefer findest, unter das Gefühl. Ob da Aufruhr ist oder nicht, ist ganz egal. Das einzig Entscheidende ist, ob du tiefer findest. Ob du dich entspannst, selbst das ist ganz egal. Worauf es ankommt, ist das Loslassen und Nicht-Tun. Zwischen dem Tun und dem Festhalten liegt das Reich des Nicht-Tuns. Dieses Reich ist das Reich des Geschehen-Lassens, und da laufen die wirklich wichtigen inneren Prozesse ab.

Was ist mit Visualisierungen und der Transformation von Gefühlen?

F: *Ich habe da schon noch Zweifel, was das betrifft, was du sagst. Ich habe Erfahrung mit Visualisation und glaube nicht, dass ich dabei die Gefühle wegmache. Meine Idee vom Aufwachen ist, dass man im Frieden ist mit dem, was da ist.*

C: Ja, das hat Allgemeingültigkeit. Im Frieden sein mit dem, was ist. Das sagen alle und wollen alle. Die Frage ist nur, was es genau bedeutet. Es bedeutet nämlich: Wenn ich wirklich das Gefühl annehme, was da ist, dann steigt es hoch, dann fühle ich es, und dann ist es in zwei Minuten verbrannt. Selten dauert ein Gefühl länger als zwei, vier oder zehn Minuten. Gleichzeitig erfährt man vollkommenen Frieden, denn man kämpft nicht an gegen das Gefühl, man geht nicht weg, und man rennt auch nicht hin. Hinrennen im Sinne von hingehen, es herholen, darin baden – all das tut man nicht. Aber man ist nicht nur in der äußeren Beobachterposition. Das wird oft mit dem Annehmen gemeint: „Ah, da ist eine Wut – ich beobachte sie!" Wenn ich sie soweit von mir weghalte, lasse ich mich nicht wirklich davon berühren. Dann bin ich getrennt von dem Gefühl und darin liegt eine große Gefahr. Wenn ich auf diese Weise vom Gefühl getrennt bin, dann kann es nie wirklich verbrennen. Dann kann die Energie, die darin gebunden ist, sich nie wirklich auflösen und zur Verfügung stehen. In diesem Getrenntsein liegt die Gefahr. Natürlich ist das anzunehmen, was ist, aber wirklich annehmen bedeutet, das Gefühl richtig hoch steigen zu lassen, denn das ist, was das Gefühl tut, wenn ich es lasse. Mit dieser gedanklichen Haltung: „Ah, ich bin nur der Beobachter, jetzt nehme ich meine Wut wahr. Aber ich nehme sie nicht persönlich, sie ist ja nicht meine Wut, und ich brauche sie daher nicht persönlich zu nehmen...", bleibt die Wut ewig da, auch wenn ich sie nicht fühle! Die hört nie auf, die verbrennt nie. Und ich bin getrennt davon.

Wie will ich Glückseligkeit erfahren, wenn ich schon von einfachen Gefühlen getrennt bin? Wie will ich je wirklich eins werden mit Ekstase und wirklicher Glückseligkeit, wenn ich noch nicht mal ein simples Gefühl von Ärger, Traurigkeit, eine leichter Wehmut oder eine Alltagsfreude, das, was das Leben mir im Augenblick gibt, fühlen kann? Die Beobachterposition bedeutet, dich vom Gefühl abzuspalten und dich vom Gefühl sogar noch mehr zu entfremden, und darin liegt die große Gefahr, künstlich und unlebendig zu werden, das Leben nur noch aus der Ferne zu beobachten, aber sich nicht mehr berühren zu lassen.

Das Schlimme ist, dass ich damit nicht zum Aufwachen komme. Das getrennte und nicht fühlende Beobachten kann ich machen – Jahrhundert um Jahrhundert. Darum sagen die Leute, die solche spirituellen Richtungen vertreten: „Ja, das Aufwachen, das dauert noch viele, viele Leben." Auf die Weise dauert es viele Leben! Die Gefahr besteht nur, dass es nicht nur viele, viele Leben dauert, sondern in Wirklichkeit nie statt findet. Aufwachen, das jetzt geschehen kann, in diesem Leben – heute, in drei Wochen, oder vielleicht braucht es drei Jahre – dieses wirkliche Aufwachen, die wirkliche Erleuchtung, die dich erfasst, die geschieht tatsächlich auf diese andere Weise: Auf die Weise, dass du dich in das Gefühl ganz hinein begibst, dich ganz dem überlässt, was das Leben in diesem Augenblick mit dir macht. Diese oberflächlichen Gefühle sind – ich sag's jetzt mal flapsig – eigentlich nur zum Üben da.

Die wirklichen Gefühle, auf die es ankommt, denen du tatsächlich begegnen musst und darin bleiben musst, egal was da passiert, sind die Sehnsucht, die Verzweiflung und die Angst; die Angst vor dem Tod und die Angst dich aufzulösen, die Angst in der Bodenlosigkeit zu verschwinden, die Angst in dieser Leere umzukommen. Ich meine, wenn man dieser Angst nicht begegnet, wie will man sie verbrennen, wie will sie aufhören? Wenn man sie nur da hinten hinstellt, kann man das Reich des Buddhas visualisieren und den Buddha in seinen vielen Manifestationen. Aber das führt mich nicht dazu, mein Buddha-Sein zu erfahren und zu realisieren. Das führt mich nur zu einer Vorstellung über den Buddha. Wenn ich aber dieser Angst wirklich begegnen will, dann muss ich gewissermaßen allen anderen Gefühlen, die da sind, auch begegnen. Und diese Angst muss ich so nah an mich heran lassen, die Bereitwilligkeit zu sterben – wenn es gefordert ist – so vollständig erleben und mich dafür entscheiden.

Manchmal ist es so, dass beim tieferen Versenken der Körper nahezu aufhört zu atmen. Manch einer bekommt dann Angst zu ersticken. Wenn man dann sagt: „Oh, das ist Angst, die sehe ich, die gehört nicht zu mir oder die nehme ich nicht persönlich“, dann löst sie sich nie auf! Wenn du dann diese Angst annimmst und sagst: „Gut, wenn der Körper jetzt sterben soll, dann bin ich bereit, dem zuzustimmen. Dann habe ich es wenigstens versucht. Das Entdecken der Wahrheit ist so wichtig, so unendlich wichtig, dass sich jeder Versuch lohnt. Und wenn ich dabei sterben sollte, dann bin ich bereit das anzunehmen. Es ist nicht mein Wunsch, aber ich bin bereit SEINEN Willen anzunehmen“, dann hast du die wirkliche Chance, dass diese Angst dich verbrennt, in einem heiligen Feuer das Ich verbrennt, das sich dem hingibt. Und dann hast du die Chance, in die Bodenlosigkeit und Unendlichkeit zu fallen und nie, nie wieder zurück zu kommen und zu denken, dass du etwas anderes wärst, als eben diese Unendlichkeit.

F: *Diese eine Methode, die ich auch mache, da geht es darum, dass man Angst, Wut, Stolz und so weiter, alles was Ego-Anhaftung ist, aus dem Energiekörper heraus zieht und sich vorstellt, dass die dann transformiert werden...*

C: Nein, nein, die Mystiker vor vielen Jahrhunderten haben uns praktisch schon alles darüber mitgeteilt: Sobald du aus der Erfahrung heraus in das Reich der Vorstellung gehst, bist du aus dem Gefühl, aus der Erfahrung schon wieder weg. Darum haben die Mystiker früher gesagt: „Du musst die Sinne überschreiten – und die innere Vorstellung, das Bild ist nichts anderes als eine sinnliche Wahrnehmung – und musst dich auf die Dunkelheit einlassen, wo die Sinne keine Rolle mehr spielen, dann – Johannes Tauler hat es am psychologischsten, am klarsten gesagt – musst du dich der Angst und den anderen Gefühlen, die dann auftauchen, wenn es recht zugeht (so sagt er), „so überlassen, dass du sie ganz ausleidest“. Das Verbrennen nannte er Ausleiden. Jenseits der Sinne, nämlich durch die Dunkelheit hindurch, begegnest du dem Gefühl so vollkommen unmittelbar, dass du die Angst bist ohne irgendeine Vorstellung – und schon gar ohne irgendein Bild. Und dann verbrennt dich die

Angst. Dann bist du nur noch damit befasst: „Schaffe ich das? Sterbe ich jetzt gleich? Habe ich Angst zu sterben, Angst, dass mich das überfällt?" Und du bleibst darin. Das ist der Weg, der wirklich erfolgreich ist. Und zwar nicht in vierzig Lebenszeiten, die du noch reinkarnieren musst. Verstehst du, der Punkt ist der: So spannend und so klug und intelligent das auch immer sein mag, sobald du von dem Gefühl wieder ins Reich der Vorstellung gehst - zack - ist eigentlich alles vorbei.

F: *Warum geht's denn durch das Gefühl und nicht zum Beispiel durch den Atem?*

C: Der Atem ist eine Körperempfindung. Der Atem und jede andere Körperempfindung beschränkt sich auf einen Raum von 1,75 mal 40 mal 40cm. Sobald du aber das Gefühl betrittst, betrittst du das Gebiet deiner Seele und du merkst: Da ist keine Grenze. Die körperlichen Phänomene der Angst, die sind hier auf diese räumliche Größe beschränkt. Aber Angst nicht! Angst ist weiter. Denn die Seele ist unbegrenzt. Sich dahin zu begeben, ist schon ein falsches Wort, ein besseres Wort ist «hinein zu fallen», nur durch Loslassen fällst du in diese Angst - dann bist du bereits in einem nicht begrenzten Raum. Das ist ein Grund, weswegen die Gefühle die Tür zur Unendlichkeit sind und niemals Körperempfindungen. Aber es gibt noch einen zweiten Grund: Körperempfindungen sind mehr oder weniger banal. Der Atem ist immer kontrollierbar, der geht rein und raus. Aber das Gefühl, die wirkliche Angst, die ist unkontrollierbar. Da begibst du dich hinein, ohne überhaupt irgendetwas machen zu können. Da begibst du dich hinein mit dem Mut, darin umzukommen. Wenn du dich auf deinen Atem konzentrierst, da braucht es keinen Mut, darin umzukommen. Das heißt: Unmittelbar vor der Unendlichkeit - die allerallerletzte Schicht - ist Angst. Deswegen sagen die Mystiker: „ Angst ist der letzte Torwächter." Wenn du da hindurch gehst, verbrennt der Rest des Egos, der Rest des Ichs, denn in dieser Angst gibt es kein Festhalten. Beim Atem gibt es immer ein Festhalten. Selbst wenn man den Atem nicht kontrolliert, wenn du den Atem ganz bewusst von alleine kommen lässt, ist die Körperempfindung immer noch im Verhältnis zum Gefühl weit von der Unendlichkeit entfernt. Und die Transformation geschieht in der Auseinandersetzung mit dem Gefühl. Transformation geschieht nicht in der Fähigkeit, dich auf den Atem zu konzentrieren oder auf irgendetwas anderes.

Es ist ein Abenteuer! Das Abenteuer ist: „Bin ich bereit, mich da hineinfallen zu lassen, auch wenn ich Angst habe zu sterben?" Das ist ein Abenteuer! Das kann man nicht einüben wie man den Atem zählt. Das sind alles Methoden, um dich festzuhalten, etwas zu tun zu haben...das bleibt alles wirklich an der Oberfläche.

F: *Manchmal habe ich so ein Gefühl von: Eigentlich kann mir nichts passieren, egal, was passiert. Wenn ich mich daran erinnere, komme ich automatisch in ein gutes und friedliches Gefühl. Dann weiß ich nicht, ob das dann schon einfach ein Moment ist von aufgewachtem Fühlen oder so.*

C: Damit kann man nur einen ganz kleinen Teil des Gefühls mobilisieren und aktivieren. Der bessere Ratschlag ist der, nicht zu dem hinzugehen, was du weißt und was wiederbelebbar ist, sondern statt dessen zu dem hinzugehen, was jetzt da ist. Wenn man sich in das hinein begibt, was da ist, wenn es Freude ist, in die Freude, wenn es Schmerz ist, in den Schmerz, wenn es Lust ist, in die Lust, wenn es Angst ist, in die Angst, was auch immer, und das verbrennen lässt, ohne etwas zu tun, dann taucht darunter Frieden auf, Frieden und die Erfahrung von Weite, von Stille – obwohl es noch lange nicht das Ganze ist. Und indem es von alleine auftaucht, ist es gleichzeitig intensiver und lebendiger als das, was man herholen kann.

Es geht bei dem «Herholen» ja auch um folgendes Problem: Woraus besteht das Ich? Das Ich besteht aus einer bestimmten Struktur von Gedanken. Und diese Struktur sieht so aus: Ich bin das Subjekt, habe eine bestimmte Erwartung, die lässt mich als Subjekt auf den Plan treten, eine bestimmte Handlung ausführen, die in der Manipulation eines bestimmten Objektes besteht – das Objekt kann auch ich selber sein oder ein Gefühl – mit einem bestimmten Resultat, und dieses Resultat wird dann überprüft mit der Erwartung: Das ist das Ich. Das ist die Struktur des Ichs. Und Aufwachen bedeutet, den Prozess, die Transformation geschehen zu lassen, in der diese Struktur des Ichs zerfällt. Sie zerfällt! Aber mit all diesen Vorstellungen, Visualisierungen, inneren Übungen oder Herholen von Gefühlen, verstärke ich diese Struktur! Ich bleibe innerhalb dieser Struktur. Ich bin der, der eine Vorstellung macht, mit der Erwartung, dass dadurch ein gutes Gefühl heraus kommt. Nach dieser Handlung kann ich dann dieses Resultat überprüfen mit meiner Erwartung. Darum sagte Ramana denen, die mit diesen Übungen zu ihm kamen: „Setz dich hin und frag dich nur: Wer ist es, der die Übung macht? Und hör mit der Übung selbst auf." Wir wollen, dass diese Struktur sich zerstört. Wir brauchen sie nicht wirklich zu zerstören, denn sie ist nur ausgedacht. Wenn wir aufhören damit, dann zerfällt sie. Sie zerfällt wie Vampire, die vom Sonnenschein getroffen werden, zu Staub zerfallen. So ist das.

F: *Du redest ja von der Achtsamkeit auf die Gefühle, auf die inneren Prozesse. Wann nehme ich denn wahr, was ich sehe und fühle?*

C: Am heilsamsten ist, wenn du – auch wenn die Wahrnehmung außen ist: das sehe ich, das will ich tun, das muss ich tun, da kommt jemand her – mehr und mehr lernst, immer gleichzeitig auch den Prozess des Fühlens wahrzunehmen. Das ist am heilsamsten. „Ich arbeite, ich bin in der Schule als Lehrer, ich mache etwas mit den Kindern: Oh, was fühle ich jetzt? Was erfahre ich jetzt in dem?" Das ist am heilsamsten. Natürlich, nach dem Aufwachen geschieht das von alleine. Es ist ein Prozess. Vorher muss man sich ein bisschen dahin bewegen. Der Grund liegt darin, dass wir statt dessen automatisch immerzu Gedankenkonstruktionen herstellen. Diese Gedankenkonstruktionen verhindern den Kontakt mit der Erfahrung. Wenn du umgekehrt immer darauf achtest, im Kontakt mit dem Fluss des Lebens zu sein, der sich innerlich als die Gefühle und Erfahrungen manifestiert, dann wirst du dadurch gleichzeitig schon mit deinen Gedanken ruhiger, und dann kommt das Ganze mehr in die Tiefe und bekommt mehr Substanz, das ganze Handeln geschieht mehr aus der Mitte.

F: *Ich danke dir.*

C: Ich danke dir.

Zweiter Teil
Jenseits des Tuns und jenseits des Nicht-Tuns

Trance: Innenreise zur Bewusstheit

„Halte deine Augen geschlossen und nimm deinen Atem wahr...wenn dein Mund geschlossen ist, dann öffne ihn jetzt und nimm den Unterschied wahr. Nimm deinen Atem wahr ohne etwas zu tun. Lass alles geschehen, ohne etwas zu tun und ohne einzugreifen. Du tust nichts... Du kannst bemerken, ob das Ausatmen oder das Einatmen leichter geht, wie sich das Ausatmen und das Einatmen unterschiedlich anfühlt. Du kannst wahrnehmen, wie die Pause zwischen den Atemzügen ist. All das. (Pause)

Du kannst wahrnehmen, ob Impulse auftauchen, den Atem zu verändern, oder andere Impulse. Und wenn du diese Impulse bemerkst, kannst du inne halten und brauchst den Impulsen nicht zu folgen. Manchmal merkst du ganz deutlich, dass der Impuls sehr mächtig ist und sich wie von alleine umsetzen möchte. Du bist dir bewusst, wenn du nicht bewusst anhalten würdest, ganz bewusst zurücktreten würdest, dann würde dieser Impuls ablaufen. Manchmal mag der Gedanke kommen: „Oh, ich muss jetzt unbedingt tiefer Luft holen."

Aber es ist nur ein Gedanke, nicht der Körper will tiefer Luft holen. Wenn du nicht bewusst anhältst, dann folgst du automatisch dem Gedanken und holst tiefer Luft. Aber wenn du bewusst anhältst, dann kannst du wahrnehmen: „Das ist nur ein Gedanke, wenn ich nichts tue, kann ich entdecken, was geschieht, wenn ich den Körper von alleine machen lasse." An diesen Stellen merkst du, dass das Anhalten und das Zurücktreten ein bewusster und aktiver Prozess ist. (Pause)

Genau so kannst du Körperempfindungen wahrnehmen, indem du deine Aufmerksamkeit durch den Körper wandern lässt und wahrnimmst, wo es Anspannung, Druck oder besonders viel Bewegung gibt. Und immer wieder kannst du entdecken, was geschieht, wenn du den auftauchenden Impulsen nicht folgst. Du tust nichts...und gerade weil du nichts tust, sondern zurückgetreten bist, fällt von alleine Anspannung ab, löst sich die Anspannung auf, der Körper gibt nach. Lass dir Zeit, das wahrzunehmen...(Pause) Schließlich kannst du wahrnehmen, was du fühlst oder erfährst... oder deine Stimmung. Und auch in dieses Gefühl, in diese Stimmung oder tiefere Erfahrung kannst du dich hinein fallen lassen. Von alleine. Nur loslassen. (Pause)

Wenn du jetzt gleich die Augen öffnest, kannst du weiter in der inneren Erfahrung verweilen, auch mit geöffneten Augen." (Pause)

Den Körper atmen lassen

F: *Ich habe nicht das Gefühl, dass die Anspannung wegfließen kann, wenn ich diesem Impuls für eine lange Zeit nicht nachgehe, doch wieder mal tief einzuatmen.*

C: Manchmal will der Körper tiefer Luft holen, weil er mehr Sauerstoff braucht. Manchmal will der Körper vor allem tiefer und entspannter ausatmen. Kennst du den Unterschied, ob der Körper tiefer Luft holt oder ob du den Atem beeinflusst?

F: *Das habe ich jetzt eben versucht zu erforschen und ich glaube, gerade in der letzten Phase hat dann wirklich der Körper geatmet, es war aber trotzdem noch nicht so hundertprozentig entspannt...wie wenn ich jetzt selber noch mal mit einem tiefen Seufzer ganz bewusst ausatme.*

C: Es kann gut sein, dass du mit einem bewussten Ausatmen noch mehr Anspannung loslassen kannst als es dem Körper alleine im Augenblick möglich ist. Es sind noch zu viele grundlegende Gedanken da, wie etwa: „Ich muss mich schützen." „Ich muss mich anstrengen." „Ich muss für Sicherheit sorgen." „Ich muss aufpassen, was die anderen über mich denken." Diese Gedanken sind unterbewusst und verursachen Anspannungsstrukturen im ganzen Körper. Wegen dieser Grundhaltungen und Gedanken ist es nur ein relatives Loslassen.

F: *Jetzt gerade war eher dieses Gefühl: wenn ich jetzt nicht noch mal bewusst atme, dann sterbe ich, ist es aus."*

C: Am besten du lässt es auf dich zukommen und tust nichts. Du kannst dir sagen: „Ich fühle die Angst zu sterben, ich will trotzdem den Körper tun lassen, was er will, und durch die eigene Erfahrung herausfinden, was geschieht, statt meinen Erwartungen und Befürchtungen zu folgen." Dann kannst du die Erfahrung machen: „Ich habe geglaubt, der Körper würde es alleine nicht schaffen, aber jetzt habe ich ihn gelassen und erlebe, er schafft es." Das vertieft den Prozess.

F: *Es ist aber ein viel flacheres Atmen. Es ist wirklich ein begrenztes*

Atmen, wirklich gerade so zum Überleben, sag ich mal...

C: Wenn der Körper sich entspannt und der Geist stiller wird, braucht der Körper viel weniger Sauerstoff. In solchen Momenten ist es wichtig zu sagen: „Ich will jetzt herausfinden, was der Körper macht, auch wenn der Impuls stark ist einzugreifen, ich tue es nicht und finde heraus, was geschieht."

F: *Danke.*

Das Leben geschieht und es ist keiner da, der es macht

In diesem Zurücktreten kannst du konkret die Erfahrung machen, dass das Leben, dass der Körper, dass dieser Prozess von alleine geschieht, ohne dass ein Ich da ist, ohne dass ein Ich eingreift und etwas tut. Du bist zurückgetreten und bist nichts als Bewusstsein, du tust nichts. Bewusstsein in der Form von Gewahrsein, von Bewusstheit. In dem Augenblick bist du tatsächlich dein eigener spiritueller Freund oder spirituelle Freundin, denn die spirituelle Freundin ist nur Bewusstheit ohne einen eigenen Plan, ohne eine eigene Handlung oder Handlungsabsicht, nur wahrnehmend, sonst nichts. In dem Augenblick, wo du zurückgetreten bist und nur als Bewusstsein wahrnimmst, kannst du nicht anders als im Frieden sein mit dem was ist. Dieser Frieden des Wahrnehmens ist ganz unabhängig davon, was du wahrnimmst.

F: *Mein Herz klopft, ich bin sehr aufgeregt und aufgewühlt. Da ist Trauer und Freude, beides. Es geht doch darum, das Ich zu zerstören.*

C: Das Ich kann nicht zerstört werden, weil es gar nicht existiert.

F: *Ja, jetzt fängt das schon wieder an, mein Herz klopft noch schneller.*

C: Wenn du das Ich zerstören müsstest, wer will dann hinterher die Scherben auffegen und den Dreck wegmachen? (Lachen)

F: *Also, ich habe das natürlich schon bei dir gehört und trotzdem ist es in dieser Deutlichkeit bei mir noch nicht angekommen. Und in dieser Klarheit und in diesem Drängen, hat es mich erschüttert.*

C: Versuch die Art der Erschütterung noch genauer zu erfassen.

F: *Ich habe bei einem anderen spirituellen Lehrer ein Seminar besucht, und was mich einfach sehr bewegt und sehr traurig gemacht hat, ist, dass er gesagt hat, dass es eigentlich hoffnungslos ist. Ich hatte ihn gefragt, was ich denn machen kann. Und er meinte, es gibt ja dieses Ich gar nicht, es ist, wie wenn eine Illusion eine Illusion aufgeben wollte und deswegen kann man nichts tun... also es führt nichts zum Aufwachen. Ich fragte ihn: „Gibt es etwas, das getan werden kann?" und er antwortete: „Es kann nichts getan werden."*

Er hat es so beschrieben: „Wenn jemand durch den Park geht und es geschieht dieses Aufwacherlebnis, dann denkt man zwar, man hätte vorher etwas getan, aber das Aufwachen kommt ohne etwas dafür getan zu haben. Es sei egal, ob wir etwas tun oder nicht.

C: Es gibt nicht das Ich, das das Aufwachen machen kann, das ist ganz klar. Niemand käme auf die Idee, dass das Ich das Aufwachen machen könnte. Wenn das Ich das machen würde, dann wäre ja das Ich nach dem Aufwachen weiterhin da, weil das Ich es ja gemacht hat. Das Ich kann das Aufwachen nicht machen, denn Aufwachen bedeutet ja gerade die Erfahrung, dass alles geschieht und nicht gemacht wird. Die Dinge und die Handlungen geschehen mit der klaren Wahrnehmung und Erkenntnis und Erfahrung, dass es geschieht, ohne dass es jemanden gibt, der es geschehen macht. Wahrgenommen wird vielmehr das Leben selbst, wie es sich aus sich heraus entfaltet, in diesem Organismus und außerhalb dieses Organismus.

Vor dem Aufwachen gibt es diese Idee, dass es ein Ich gibt, und diese Idee hat gravierende Auswirkungen. Ein kleines Beispiel: Wenn du dich nach innen versenkst, atmet der Körper natürlicherweise nur noch ganz wenig, er atmet fast nur aus. Dann kommt dir der Gedanke: „Wenn ich jetzt nicht atme, wenn ich jetzt nichts tue, dann wird der Körper sterben." Das ist ein Ich-

Gedanke. Dieser Ich-Gedanke führt zu einer Handlung, wenn du dem Gedanken folgst. Nämlich zum tiefen Luftholen, um dem befürchteten Sterben entgegenzuwirken. Diese Handlung verstärkt die Idee des Ichs. Also, obwohl das Ich nicht existiert, hat dieser Ich-Gedanke Auswirkungen. Es entstehen die verschiedenen Gedanken, die beginnen mit: „Ich brauche...", „Ich muss...", „Ich will..." und so weiter.

Was ich also tun kann, ist zurücktreten und schauen, was geschieht, wenn ich diesem Ich-Gedanken nicht folge. Wenn dieser Satz: „Ich kann nichts tun, um aufzuwachen." ergänzt wird um den Satz: «Alles was ich tun kann, um aufzuwachen besteht darin, dass ich diese inneren und äußeren Handlungsabläufe, die aufgrund der Konditionierung wie automatisch geschehen, anhalte, damit ich zu einem wirklichen Nichtstun komme», dann macht es Sinn. Und du wirst, wenn du aufwachst, definitiv nicht das Gefühl haben, dass du es gemacht hättest. Selbst hinsichtlich des Zurücktretens, wirst du nicht das Gefühl haben, dass du dieses Zurückgetreten gemacht hättest. Sonst wärst du ja nach wie vor stolz auf dich: „Oh, was hab ich alles geschafft." Dennoch geschieht das Zurücktreten auf der Basis deiner Einsicht und deiner Fähigkeit zurückzutreten, basierend auf deiner inneren Entschlossenheit und dem Mut deines Herzens.

F: *Also, mir leuchtet das ein, es klang aber bei dem anderen Lehrer so, dass selbst das nicht wirklich wichtig ist.*

C: Der Satz, dass du nichts tun kannst, kann eine große Falle sein.

F: *Dann hast du da einfach eine andere Auffassung.*

C: Definitiv, ganz definitiv, es gibt über diese spirituelle Grundfrage unterschiedliche Ansichten: Die einen sagen, um Erleuchtung zu finden, musst du über viele Jahre – über viele Leben – viele vorgeschriebene Übungen machen. Die anderen weisen darauf hin, dass das Aufwachen das Ende des Handelnden ist und nicht durch Tun, sondern durch Loslassen geschieht. Von diesen wiederum sagen die einen: Du kannst nichts tun, und das klingt oft nach der erfreulichen, weil bequemen Botschaft: Du brauchst nichts zu tun. Dann wiederum gibt es spirituelle Lehrer und Lehrerinnen – und dazu gehöre ich – die sagen: Aufwachen geschieht durch Nichtstun. Aber um zu diesem Nichtstun zu kommen, ist dein inneres Anhalten als ein bewusster Prozess erforderlich.

In den von mir entwickelten «Sieben Schritten zum Aufwachen», die die Grundlage unserer Arbeit sind, gibt es im dritten Schritt die Erkenntnis, dass du kein Handelnder bist, dass du nur die Zuschauerin bist. Das Leben geschieht von alleine und lebt dich. Natürlich geschieht alles so, wie es geschehen soll. Wenn es geschehen soll, dass du aufwachst, wird es schon geschehen. Es heißt: «Die Unendlichkeit hat noch viel mehr Sehnsucht nach dir, als du nach der Unendlichkeit». Dieser Satz drückt die Erfahrung aus, dass wir – wenn wir uns wirklich nach innen wenden – einen starken Sog spüren, der uns nach unten in die Weite und Tiefe zieht. Wir sagen diesen Satz von der Sehnsucht der Unendlichkeit im Bewusstsein, obwohl wir nichts wirklich über die Unendlichkeit sagen können. So können wir nicht sagen, ob es für die Unendlichkeit eine Rolle spielt, ob Aufwachen geschieht oder nicht. Aber für dich spielt es eine Rolle. Ohne das Aufwachen kann das Leid nicht wirklich beendet werden und das Leid ist sehr unangenehm, vor allem, wenn man sich des Leides erst einmal bewusst geworden ist.

Jenseits von Hoffnung und Hoffnungslosigkeit

F: *Vielleicht ist tatsächlich der große Unterschied in euren beiden Lehren, dass ich bei dir noch Hoffnung habe und er klar sagt, dass es ist einfach hoffnungslos ist.“*

C: Beende jede Hoffnung, denn solange du auf eine Veränderung hoffst, bist du in einem Zustand, in dem du nicht in der Gegenwart bist. Also, lass die ganze Hoffnung gehen. Setz dich mit diesem Augenblick und allem, was auftaucht, auseinander, begegne dem, öffne dich dem, Punktum. Keine Hoffnung darauf, dem Leid zu entkommen oder auf sonst etwas. Keine Hoffnung. Aber wenn du keine Hoffnung hast, dann bist du auch nicht hoffnungslos. ‚Hoffnungslos sein' ist auch nichts anderes als dir Gedanken über deine Zukunft machen, nämlich der Gedanke: „Es wird alles so schlimm bleiben, wie es im Augenblick ist. Es gibt keinen Ausweg." Beide Gedanken, die Hoffnung ebenso wie die Hoffnungslosigkeit bringen dich von der augenblicklichen Wahrnehmung weg. Wenn du also in diesem Augenblick bist ohne die Erwartung: „Oh, demnächst wird alles viel besser" oder die Erwartung: „Es bleibt alles so schlimm oder wird im Zweifel noch schlimmer", dann hast du weder Hoffnung, noch bist du hoffnungslos. Weil du dich einfach gar nicht in diesem Reich der Vorstellung über die Zukunft bewegst. Weder Hoffnungslosigkeit noch Hoffnung. Wenn du jetzt also so einen Gedanken wahrnimmst bist du dir bewusst: „Jetzt gehe ich in das Reich der Gedanken und Vorstellungen, ich brauche das aber nicht zu tun. Ich kann anhalten. Ich kann in der Erfahrung bleiben."

Du konntest nichts dafür tun, dass du dir dessen jetzt leichter bewusst bist, außer, dass du die Frage gestellt hast. Aber selbst dafür konntest du nichts tun. Aber jetzt bist du dir dessen bewusst. Wenn Hoffnung oder Hoffnungslosigkeit auftauchen, weißt du „Ich bin wieder in das Reich der Gedanken und Vorstellungen gegangen." Dann kannst du etwas tun: „Indem ich anhalte, also nichts tue, kann ich im Reich der Erfahrung und in diesem Augenblick bleiben." Man kann diese innere Stimme in diesem Augenblick die eigene innere Lehrerin nennen.

Es ist definitiv so, dass man zu Anfang – immer wieder bestätigt das jemand, der schon länger hier ist – zu Anfang praktisch keine Wahlmöglichkeit hat, worauf man die Aufmerksamkeit richtet, auf die Gefühle oder die Gedanken. Das geht anfangs einfach von alleine. Aber immer wieder berichten Menschen von der Erfahrung, dass nach einiger Zeit der inneren Arbeit sich ganz klar das Gefühl dafür einstellt und verstärkt, dass sie wählen können, ob sie ihre Aufmerksamkeit auf das Fühlen und die Erfahrung oder auf das Reich der Gedanken richten. Und dieser Schritt des Wählenkönnens, dieser winzig kleine und winzig klein erscheinende Schritt des Wählenkönnens, der macht diesen Moment aus, dass du zurücktreten kannst von der konditionierten Bewegung hin zu den Vorstellungen und den Gedanken. Und in diesem Zurücktreten liegt die Macht, etwas zu tun, die tatsächlich nur eine Macht ist, etwas nicht mehr zu tun. Nämlich nicht wieder erneut in dieses Reich der Gedanken und Vorstellungen zu gehen.

Wenn du aufgewacht bist, dann hast du nicht das Gefühl, dass du das getan hast, weil du auch nichts tun kannst. Aber was du tun kannst, ist das Tun anzuhalten. Mit der Zeit wächst die Fähigkeit zu wählen, ob du mit der Aufmerksamkeit im Fühlen und Erfahren bleibst oder den Gedanken und der Geschichte folgst. Aber es gibt noch etwas Wichtiges. Wenn du glaubst, dass du nicht wählen kannst, wird sich die Fähigkeit zu wählen nicht verbessern. Wenn du glaubst, dass du dieses Weggehen von dem Gefühl und der Erfahrung dadurch beeinflussen kannst, dass du wählen kannst in dem Gefühl und der Erfahrung zu bleiben, dann hast du die Möglichkeit und die Chance zu entdecken, dass es beeinflussbar ist.

Nicht das Ich hält an, sondern das Herz

F: *Ich möchte noch mal nachfragen. Die Lehren sind sich doch darin einig, dass es kein Ich gibt, das etwas machen kann.*

C: Auf jeden Fall. Denn das ist sicherlich nicht das Ich, das anhält. Es ist auch nicht das Ich, das die Sehnsucht nach Ganzheit, nach Einsseins, die Sehnsucht nach der Wahrheit, die Sehnsucht nach dem Aufwachen hat, und dennoch gibt es diese Sehnsucht, ganz unbestreitbar. Das Ich verdrängt diese Sehnsucht und verschiebt sie als Verlangen nach äußeren Objekten, Erlebnissen und anderen Menschen. Dadurch steht das Ich der Sehnsucht im Weg. Wer also hat diese Sehnsucht? Dein Herz. Und dein Herz ist es, das dieser Sehnsucht folgt und deswegen anhält. Es hält an, selbst wenn es sich in diesem Augenblick nicht angenehm anfühlt. Das Anhalten und auch die Stille werden stärker, umso mehr du deinem Herzen und nicht dem Ich folgst.

Je klarer und je deutlicher du die Erkenntnis, die Einsicht und die Erfahrung hast, dass es dieses Ich nicht gibt, dass du also das Aufwachen nicht machen kannst, desto leichter fällt es dir anzuhalten. Sobald du weißt, dass es das Ich nicht gibt, ist es dir auch völlig klar, dass du nicht mehr weiter herum zu rennen brauchst und für dieses Ich Bestätigung suchen musst. Sobald du weißt, dass es dieses Ich nicht gibt, wird es dir egal, was die anderen Menschen von dir denken. Sobald du weißt, dass es dieses Ich nicht gibt, hörst du auf, hinter Bestätigungen her zu rennen und großartig sein zu wollen, Bedeutung haben zu wollen und all das. Also bewirkt die Einsicht oder sogar schon das Wissen, dass es dieses Ich nicht gibt, das Anhalten.

Nichts tun, und dennoch bleibt nichts ungetan

Im Daoismus (über 2000 Jahre alt) gibt es das Wu-Wei, dass bedeutet, weder etwas zu tun, noch nichts zu tun. Bei Laotse gibt es den Satz: «Der Meister tut nichts und dennoch bleibt nichts ungetan.» Im Modus des Wu-Wei wird weder etwas getan, gemacht oder kontrolliert, was der aktive Modus wäre, noch lässt du alles laufen, erleidest, erduldest oder lässt alles über dich ergehen, was der passive Modus wäre. In unserer europäischen Sprache haben wir nur diesen aktiven und passiven Modus, für das Wu-Wei gibt es keinen Begriff. Deswegen erscheint es vielleicht so, als ob es nur diese Alternative gäbe, dass du es tust und aktiv bist oder, dass du nichts tust und dadurch passiv bist, verdammt bist, alles zu erleiden, zu erdulden, über dich ergehen zu lassen oder alles so laufen zu lassen wie es ist. Aber im Daoismus gibt es diese dritte Form, weder aktiv noch passiv. Diese Form ist dazwischen, aber nicht einfach eine Kombination davon. Diese Form des Dazwischenseins ist Grundlage unserer Arbeit und unserer Übungen, bestimmt vom Geschehenlassen, vom Zurücktreten, von der Hingabe. Um diesen Prozess des Wu-Wei geht es, das ist weit jenseits von Tun, aber auch weit jenseits von «alles so laufen zu lassen, wie es läuft». Jenseits von Tun und jenseits von Nichts-tun-können.

F: *Mich hat es auch sehr beschäftigt. Dieses Entscheiden, ob man anhält, das ist ja eben die Wahl, die wir haben, wie du gesagt hast. Selbst wenn ich davon ausgehe, dass ich nur diesen freien Willen habe, anzuhalten, bin ich dann nicht schon in so einer Haltung: „Ich mach das jetzt." Zum Beispiel: „Ich fühl jetzt hier und ich öffne mich dem und ich lass das jetzt alles zu." Und das ist irgendwie so viel was ich da Tolles mache. Dann wurde ich innerlich ganz verrückt und dachte: „Egal, dann hab ich eben keinen freien Willen und dann ist mir jetzt eben alles ganz egal...", so ungefähr. Das Ich war dann wirklich weg für den Moment...das ist zwar nur ein kleiner Unterschied, aber das hat einen großen Effekt, dieser kleine Unterschied. Also selbst in diesem: „Ich kann anhalten." kann auch ganz schön viel Ich drin sein.*

C: Alles, schlichtweg alles kann das Ich für sich beanspruchen und darauf stolz sein. In Wirklichkeit tut das Ich nichts und der freie Wille ist eine Illusion. Der grundlegendste befreiende Satz lautet „Nicht mein Wille, sondern dein Wille geschehe." Tatsächlich ist das nur die Beschreibung dessen, was sowieso geschieht, egal was du tust oder nicht. Weil sowieso nicht dein Wille geschieht. Dennoch macht es einen Unterschied, ob du den Satz einfach nur denkst, ob du das einfach nur erduldest oder ob du sozusagen dem zustimmst, gewissermaßen mit der Haltung: „Selbst wenn ich einen eigenen Willen hätte, würde ich ihn aus der Hand geben wollen." Jedes mal wenn du denkst: „Ich öffne mich, ich lasse zu, ich mache dies und das", kannst du dir bewusst sein, dass nicht du das tust, sondern du trittst nur zurück. Du kannst dich fallen lassen, aber auch das ist etwas, das von alleine geschieht, wenn du nicht mehr festhältst. Wenn das Ich glaubt es zu tun und entsprechend stolz darauf ist, bewirkt der Ich-Gedanke nur, dass Sand im Getriebe ist und dass du im Weg stehst. Du kannst aus dem Weg gehen, nur das kannst du «tun». Es ist nicht ein Tun, sondern ein Ent-tun.

F: *Mir kam es so vor wie: Dieses «Aus-dem-Weg-gehen», kann ich auch nicht machen.*

C: Du hast recht, du kannst es nicht machen. Du kannst diese Erkenntnis von der Nichtexistenz des Ich in dir wirken lassen. Solange du noch auf etwas stolz bist, ist es viel schwieriger. Wenn du ganz zurücktrittst und das wirken lässt, ist es viel besser. Es ist wieder: „Weder ich kann es machen, noch ich kann nichts machen", beides gleichermaßen ein Gedanke ist, eine Eigenschaft, eine Qualität des Ichs. „Ich kann nichts machen", ist auch eine Eigenschaft des Ichs. Wenn beides aufhört, wirklich beides und nicht nur das eine, dann merkst du, da ist ein Prozess. Da kommen Informationen dazu, da kommt das dazu, dadurch verändert sich der Prozess. Du bist diejenige, die diesen Prozess wahrnimmt, aber nicht macht. Aber, ich kann nichts machen, ist genauso eine gedachte Eigenschaft des Ich, die wie jedes Bild, jede Erwartung den tatsächlichen Prozess des Lebens einschränkt.

F: *Ich habe das innerlich so erlebt, ich habe gedacht: Ich kann nichts machen, dann lass ich das Leben jetzt halt mich leben.*

C: Das ist eine heilsame Perspektive, dich vom wirklichen Leben leben zu lassen. Ramana Maharshi sagt: „Zu Anfang musst du dich zu hundert Prozent bemühen. Dann gibt es einen Punkt, von da an du dich gar nicht mehr bemühen kannst, aber dich auch nicht mehr nicht bemühen kannst." So wie du zum Beispiel seit längerer Zeit sagst: „es geschieht von alleine, das ich immer wieder hierher zum Satsang gehe, ich kann auf keinen Fall nicht hierher gehen."

Da ist dieser Punkt überschritten, da hat das Ich aufgehört und sagt nicht mehr: „Heute geh ich nicht hin, heute ist mir das Wetter zu schlecht" und eine Woche drauf: „Ach, heute fühl ich mich irgendwie nicht gut und jetzt gehe ich zum Satsang, weil ich mich da immer so gut fühle." Das ist das Ich, das da plant und macht und tut und sich sorgt und haben will und so weiter.

Milliardenfach beobachten wir, wie die Menschen der Konditionierung folgen und wir sehen, was aus ihrem Leben wird. Mal gelingt dieses Leben ein bisschen besser, mal ein bisschen schlechter, aber es bleibt innerhalb des Traumes, innerhalb des Schlafwandels. Das Leid hört nicht auf.

Wenn du diesen Punkt, von dem Ramana spricht, überschritten hast, dann kannst du dich nicht mehr bemühen. Aber es ist dir auch nicht mehr möglich, dich nicht zu bemühen. Du hast es dann aus der Hand gegeben. Es geschieht einfach."

F: *Das fühlt sich nicht wie ein Bemühen an.*

C: Genau. Du kannst dich nicht mehr bemühen und es fühlt sich nicht wie ein Bemühen an. Es geschieht einfach. (Pause)

Noch einmal: Hoffnung und Hoffnungslosigkeit

F: *Ich möchte noch einmal auf die Hoffnung zurückkommen, was ist die Alternative zur Hoffnung?*

C: Keine Hoffnung und keine Hoffnungslosigkeit. Gar keine Gedanken über die Zukunft, keine Resignation und keine Phantasie. Dann bleibt nur das, was jetzt ist, das ist die Alternative. Und das, was jetzt ist, zeigt sich vor allem und zuerst in dem, was du fühlst. Und da du – wenn du deine Bewusstheit nach Innen richtest – von alleine innerlich mehr und mehr in die Tiefe kommst, zeigt es sich auch als diese Erfahrung von Weite, Stille, Leere und Frieden. Das taucht von alleine auf, als ein Geschenk, nicht als etwas, das du machen könntest. Das ist, was jetzt ist.

Der Energie der Handlungen, die Wünsche und das Karma

F: *Für mich stellt sich immer wieder die Frage: Wenn wir gar keinen Gedanken an die Zukunft haben, wo ist dann diese Antriebsfeder für irgendeine Handlung?*

C: Es gibt keine persönliche Antriebsfeder. Aber Handlungen, die da sind, haben von alleine eine Energie weitere Handlungen, die sich daraus ergeben, hervorzubringen. Handlungen sorgen für sich selber, das ist ein Prozess, eine Energie, die dich bewegt. Du brauchst nicht nach einer Triebfeder bei dir zu suchen. Diese Energie, die da ist, die stößt auf dieses Individuum. Jetzt hängt es von der Fixierung ab und von anderen Faktoren, wie diese Energie innerhalb des Organismus wirkt und welche neue Handlungen angestoßen und hervorgebracht werden. Auch gesellschaftliche Faktoren, das kollektive Bewusstsein und das kollektive Unterbewusstsein beeinflussen verändern und verursachen diese Handlungen und ihre Energie. Der Calvinismus hat mit dazu beigetragen, dass Menschen ihre Zeit nur nach Nützlichkeit beurteilen und einteilen. «Müßigkeit ist aller Laster Anfang», um diese Haltung anzunemhmen, musste der Menschen erst konditioniert werden, mit sehr viel Aufwand. Also, die Energie stößt auf die Fixierung, stößt auf diese historische Situation und die bewegt dann den Menschen. Wenn es auf einen Menschen mit einer Neuner-Fixierung stößt, ist es sehr viel schwerer diesen in Bewegung zu setzen, wie wenn es auf eine produktive Dreier-Struktur stößt. Bei einer Sechser-Fixierung wird die Handlung vielleicht begonnen aber dann wegen des Zweifels nicht zu Ende geführt. Die Handlungen sorgen für sich, stoßen aber auf dieses Individuum, das sich mehr oder weniger schnell oder langsamer in Bewegung setzen lässt. Je mehr es zurücktritt, desto mehr bewegt sich die Energie der vorhergehenden Handlung ungebrochen. Und dann führt der

Organismus die Handlung aus, die gerade geschehen soll. Das ganze ist auch eine Beschreibung der Wirkung des Karma, des kollektiven Karma und des individuellen.

F: *Und warum haben wir dann im Methoden-Seminar unsere Wünsche und Ziele erforscht und aufgeschrieben?*

C: Weil in jedem Menschen diese Ziele und Wünsche wirken. Wenn er oder sie die Augen davor verschließt und sie nicht wahrnimmt, dann wirken sie trotzdem. Als Beispiel: Der halbbewusste oder unterbewusste Wunsch, vom Vater – der schon lange tot ist – endlich mehr Liebe zu bekommen, basierend auf der Auffassung, in früher Kindheit nicht genug geliebt worden zu sein. Das ist jetzt zwar ein Wunsch, der völlig ins Leere läuft, aber trotzdem eine dynamische Wirkung hat. Der Betroffene wird nämlich diese unerfüllte Energie in die Beziehungen in der Gegenwart hinein bringen. In den Beziehungen zu anderen Männern wird dann dieser unbefriedigte Wunsch von damals wieder zum tragen kommen. Deswegen ist es besser, ich gehe hin und untersuche, was ich alles für Ziele und Wünsche habe – auch die Unterbewussten – dann kann ich mich klarer dazu stellen und loslassen und die Energie da heraus nehmen und mich aussöhnen mit dem was ist. Dann werd ich innerlich klarer und gelöster und kann mich offener diesem Augenblick hingeben, der jetzt da ist.

F: *Es geht dabei also gar nicht darum, diese Ziele zu erreichen, sondern es geht darum, sich dieser Ziele bewusst zu werden.*

C: Ja und nein. Bei einem anderen Ziel geht es zum Beispiel darum, das Studium zu Ende zu bringen. Wenn Du eine zweifelnde Sechser-Fixierung hast, stehst du selber diesem Ziel im Wege: „Schaffe ich das, schaffe ich das nicht. Sollte ich die Arbeit schreiben, sollte ich zu dem Thema schreiben, sollte ich das machen, nein lieber das machen. Jetzt mache ich lieber erst das oder überhaupt nichts.“ Das heißt, diese Sechs, diese Fixierung steht dem im Wege. Weil das aber so ist, ist ein solcher Mensch ganz ausgefüllt mit diesem Ziel, mit der Beschäftigung damit. Wenn wir damit jetzt also arbeiten etwa mit den Fragen:

- Welches Ziel hast du;
- was brauchst du, um das zu erreichen;
- was hindert dich daran, es zu erreichen;
- was musst du dafür aufgeben, um dieses Ziel zu erreichen,

dann kann an der Fixierung gearbeitet werden, vor allem, indem er zurücktritt. Wenn er nämlich zurücktritt mit seinen Bedenklichkeiten, Zweifeln und all dem, kann das Studium leichter erfolgreich abgeschlossen werden. Das heißt, manche Ziele werden dann leichter realisiert, wenn er mit seinem Ich zurücktritt. Das ist der zweite Grund, weswegen wir mit den Zielen und Wünschen arbeiten. Der erste Grund war das Bewusstwerden von irrationalen, unangemessenen und einschränkenden Zielen, um sie los lassen zu können.

Sinn, Vertrauen und Kontrolle

F: *Hat denn die Energie, die von einer Handlung zu anderen führt, hat die denn einen Sinn?*

C: Warum soll sie einen Sinn haben?

F: *Möglicherweise ergibt sich ja aus einer Handlung eine andere.*

C: Wenn du danach fragst, ob etwas Sinn hat, dann kannst du die Frage nur stellen, indem du ein Subjekt annimmst, für den es einen Sinn hat. Zum Beispiel wenn wir fragen: „Haben Heringe Sinn?", ja, weil wir sie essen können. Das heißt, sie haben einen Sinn für uns. Wenn du jetzt also fragst: „Haben die Handlungen einen Sinn?", dann wird es schon sehr viel schwerer. Denn hat der Mensch einen Sinn? Kühe haben einen Sinn, die geben Milch. Haben wir einen Sinn? Uns isst ja niemand, zum Beispiel. Wir sind für niemanden da. Ich meine jetzt nicht den einzelnen Menschen, sondern die Menschheit als Ganzes. Dass der Mensch keinen Sinn, jedenfalls keinen Zweck hat, gibt uns nicht weniger Bedeutung.

Wenn du eine einzelne Handlung betrachtest, kannst du fragen, welchen Sinn sie für dich hat und welche Intention du mit ihr verfolgst. Dann bekommst du mit, ob du eine Handlung dafür benutzt, um dich abzulenken; eine Handlung dafür benutzt, um dich zu betäuben; eine Handlung dazu benutzt, um dich wichtig zu machen. Dann ist es am besten, du trittst zurück und tust nichts. Auf diese Weise beginnt ein kleines Abenteuer: In dem leeren Raum, der sonst mit der Handlung ausgefüllt worden wäre, kann jetzt das Wesentliche, manche würden in der Tradition Heideggers sagen: das Eigentliche auftauchen.

F: *Was ist mit der Vorstellung, es wirkt in allem eine Energie, die eine Richtung verfolgt und niemand steht der mehr im Weg. Oder ist das eigentlich egal?*

C: Kannst du eine Richtung in der Vergangenheit finden?

F: *Nein.*

C: Es gibt Leute, die finden eine Richtung in dieser Bewegung der Menschheit, sie sagen: „Die Bewegung geht dahin, dass die Menschen sich zunehmend befreien von Zwängen. Die Sklaverei ist abgeschafft, Frauen dürfen heute wählen. Ja, das ist ja noch nicht so lange her. Sie glauben auch, dass die Menschheit zu immer höheren Bewusstseinsstufen findet.

F: *Ich bringe es in Verbindung mit diesem Vertrauen darin, dass alles so richtig ist, wie es ist.*

C: Das, was ist, ist weder richtig noch falsch, es ist einfach..

F: *Dann kann ich alles so anzunehmen, wie es ist, ohne es richtig finden zu müssen?*

C: Alles annehmen bedeutet, es weder richtig noch falsch zu finden. Du nimmst es wahr und am besten ist es so, dass du es in Liebe wahr-nimmst, denn in Liebe sein bedeutet alles da sein zu lassen. Aber das bedeutet nicht, dass alles, was da ist richtig ist. Aber es ist da und wir enthalten uns des Urteils.

F: *Ich glaube, das ist immer noch nicht das, was ich meine. Ich finde auch nicht die richtigen Worte dafür. Also wenn es heißt, es gibt das höhere Selbst, heißt es ja oft, gleichsetzbar mit Gott...*

C: Es gibt nur das Selbst, das reicht uns, es gibt kein höheres und niederes Selbst.

F: *Jetzt versuche ich es noch mal anders. Ich meine dieses Gefühl: „Vertraue einfach Gott“...dann sag ich wieder: „Dann wird schon alles richtig sein“.*

C: Du kennst Gott nicht, kannst ihn nicht kennen mit dem wissenden Verstand, und kannst so nichts über ihn sagen. Es kann kein Vertrauen sein der Art, dass du glaubst, dass alles gut wird. Wenn das nämlich stimmen würde, dann würden keine Menschen verhungern in Afrika oder sonst wo.

F: *Okay, dann vertraue ich nicht. Dann habe ich aber das Gefühl, so kann ich meine Kontrolle nicht abgeben.*

C: Da also ist des Pudels Kern! Du würdest die Kontrolle also nur aufgeben, wenn du die Kontrolle darüber hast, dass sie jemand anderes ausübt. Das ist kein Aufgeben von Kontrolle. Da machst du dir was vor. Kontrolle aufgeben bedeutet Kontrolle aufgeben, ohne was in der Hand zu halten.

F: *Ich kann mir zum Beispiel gut vorstellen, ich muss heute sterben. Das kann ich mir gut vorstellen. Das fällt mir gefühlsmäßig nicht so schwer. Das ist vorstellbar. Aber die Vorstellung, ich muss heute die Kontrolle abgeben, ist nicht vorstellbar.*

C: Ja, das ist viel schwerer? Aber das liegt nur daran, dass du sagst: „Es ist okay heute zu sterben“ und dann denkst du gleichzeitig: „Das wird heut nicht passieren.“ Nur deswegen kannst du das sagen. Der Gedanke, deine Kontrolle aufzugeben ist auch nur ein Witz, weil das ja impliziert, dass du etwas in der Hand hättest, das du abgeben könntest. Du kannst nur die Illusion von Kontrolle aufgeben. Die Illusion von Kontrolle, obwohl du in Wirklichkeit über gar nichts Kontrolle hast. Und diese Illusion von Kontrolle gib besser heute als morgen auf, denn jeder Tag mit dieser Illusion ist ein verlorener Tag.

F: *Danke.*

C: Danke.

„Alles ist Gift, was wir nicht annehmen, nicht lieben, nicht dankbar schlürfen können. Und alles ist Leben und Wert, was wir lieben, woraus wir Leben saugen können."

Hermann Hesse

Dritter Teil
Annehmen was ist

Das Wissen vom Nicht-Wissen

F: *Ich möchte noch genauer verstehen, was das bedeutet: «Alles annehmen, was ist».*

C: Zuerst einmal, was es nicht ist: Es hat nichts damit zu tun, etwas gut oder richtig zu finden. Es hat mit einer inneren Haltung zu tun, die jenseits davon ist, etwas richtig oder falsch zu finden.

Als Beispiel: Du findest den Krieg ganz und gar falsch und schrecklich und gleichzeitig stimmst du ihm zu: Er ist da und deswegen darf er auch da sein. Es ist das schlichte Anerkennen, dass er da ist. Dem stimmst du zu. Folglich stimmst du dem zu, was ist – nicht nur, dass du *wahrnimmst*, dass es da ist. Du gehst sogar einen Schritt weiter, indem du *zustimmst*, dass es dasein darf. Aber nicht nur der Krieg, sondern *auch der Schmerz*, den er hervorruft, *darf da sein*. Du beurteilst nicht. Du *weißt*, dass du *nicht in der Lage bist, zu wissen*, welches Schicksal jemandem bestimmt ist und aus welchen Gründen. Du trittst einfach zurück, weil du erkennst, dass du in Wirklichkeit nicht beurteilen kannst, wie das Schicksal besser, günstiger oder anders hätte sein sollen. Du weißt nicht, warum das Schicksal in diesem Fall so und in jenem Fall anders ist. Du weißt nicht, ob dieses Schicksal schlimmer ist als irgendein anderes Schicksal. Es kann nicht gewusst werden. Es ist unsinnig zu denken, dass man es wissen könnte.

Du kannst diese Frage noch gründlicher untersuchen: Wenn es nicht gewollt wäre, wäre es dann trotzdem da? Was hier auf diesem Planeten geschieht – ist das alles Gottes Werk? Wenn es nicht sein Werk ist, wessen Werk ist es dann? Ist das alles Eins, wie es allenthalben heißt, oder ist es doch nicht Eins?

Jetzt kann man natürlich sagen, dass es das Werk einer größeren Macht sei, der du den Namen Gott oder einen anderen Namen gibst, aber dadurch, dass der Mensch da ist, sei es schlechter geworden, als der Plan es vorgesehen hat. Wenn es aber so ist, dass der Mensch soviel Schlechtes tut auf dieser Welt, die Welt und sich selbst vielleicht in die Luft jagt – dann könnte man fragen: Wurde nicht auch dieses schlechte Ende von der göttlichen Kraft in Kauf genommen? Was bedeutet es, etwas in Kauf zu nehmen? Was ist der Unterschied zwischen «Etwas in Kauf nehmen» und «etwas wollen»? Oder ist etwa doch nicht alles Eins? Hat es irgendwann als Eins angefangen, aber ist dann aus dem Ruder gelaufen? Und hat jetzt diese Kraft, die wir das Einssein nennen, doch nicht mehr alles der Hand? Ist es ihr irgendwie entglitten? Aber dann wäre es nicht mehr Eins.

Wir können diese Fragen nur stellen in dem Wissen, dass die Antworten nicht gewusst werden können. Unser Verstand ist nicht dafür da, diese Fragen zu beantworten. Was wir tun können: Wir können jetzt anfangen, über den Verstand hinauszugehen in die Stille. Dann geschieht ein Verstehen auf einer anderen Ebene. Auf dieser Ebene wird das Verstehen tiefer und größer. Aber dieses Verstehen schließt immer ein, dass ich *weiß, dass ich nicht weiß und nicht wissen kann.*

Es gibt eine Reihe von spirituellen Modellen, die glauben zu wissen. Im Buddhismus beispielsweise gibt es klare Gesetze, die – zwar nicht im Einzelfall, aber vom Prinzip her – alles wissen. Was geschieht, ist das exakte Resultat vorhergehender Handlungen, die im Positiven oder Negativen entsprechende Folgen hervorrufen.

Die Herausforderung, sich diesem Nicht-Wissen zu stellen, besteht im folgenden: Wenn ich mich nicht mit vermeintlichen Kausalitäten in Sicherheit wiege, wenn beispielsweise ein Mensch früh und krank stirbt, weil im vorhergehenden Leben die Verdienste nicht ausgereicht haben, dann erlebe ich dieses Sterben und Leben als jenseits von Kontrolle und Trost. Die Herausforderung besteht darin zu wissen, dass ich es nicht weiß.

Die Konsequenz aus der Haltung des Nicht-Wissens

Welche Konsequenz hat die Haltung «Ich weiß alles»? Man kann leicht herausfinden, was die eine oder die andere Haltung für eine Konsequenz hat. Wenn ich glaube Gesetzmäßigkeiten zu kennen, die zwangsläufig dieses oder jenes Ergebnis zur Folge haben, was hat das für eine Wirkung auf die Seele?

Welche Wirkung auf die Seele hat dagegen die Haltung: «Ich weiß, dass ich nicht weiß»? Wenn ich zum Beispiel in der Haltung des Nicht-Wissens und der Zustimmung den Menschen ansehe, der in frühen Jahren stirbt? Welche Wirkung hat das auf die Seele?

Es ist ganz klar: Die erste Haltung trennt. In dieser Haltung stehe ich darüber und weiß über die anderen Bescheid.

Die zweite Haltung verbindet. Während die erste Haltung hochmütig macht, macht die zweite Haltung demütig. Sie liefert mich dem Nichts aus, der Unendlichkeit, der Leere.

Alles, dem ich nicht zustimme, schließe ich aus meiner Seele aus. Indem ich es aus meiner Seele ausschließe, bin ich angestrengt, angestrengt damit, es außen vor zu halten. Diese Anstrengung führt dazu, dass ich es bekämpfe und ihm dadurch mehr Energie gebe und es damit stärker mache. Das ist eine uralte daoistische Weisheit. Wenn ich es aber annehme, führt das dazu, dass ich ruhiger werde. Je mehr und je vollständiger ich alles in meine Seele hineinnehme, desto mehr finde ich Frieden.

Auf diese Weise werden plötzlich spirituelle Sätze, wie «Alles ist mit allem verbunden. Und alles ist Eins», konkrete Realität in meiner Seele. Diese konkrete Realität in meiner Seele führt zum Frieden. Während der Kampf und das Nicht-Annehmen schwach machen, erzeugt das Annehmen diesen Frieden, der darauf basiert, dass ich alles in die Seele hineingenommen habe, und das macht weit und kraftvoll.

Wenn ein Mensch beispielsweise sagt: „Versagen darf nicht zu mir gehören, ich muss es bekämpfen", dann macht der Kampf gegen das Versagen schwach, und der Mensch verliert seine Kraft. Wenn das Versagen aber als menschlich und zu jedem und zu mir gehörend hinein genommen wird, dann ist der Kampf unnötig, und der Mensch wird stärker. Immer wieder kannst du das entdecken.

Es ist so wichtig, dass man eine Frage weiter verfolgt, dass man immer tiefere Antworten sucht und tiefer vordringt. Die Frage nach dem «Annehmen» ist eine der wichtigsten Fragen, die es überhaupt gibt. Eine Frage, die in der Lage ist, den Verstand zum Aufgeben zu bringen und still und heil werden zu lassen.

Allem zustimmen

Partnerübung, wiederholtes Fragen: Was ist, wenn du Allem zustimmst?

Du suchst dir einen Partner. Er stellt dir immer wieder die gleiche Frage, damit du verschiedene und verschieden tiefe Antworten auftauchen lassen kannst. Der fragende Partner oder die Partnerin ist innerlich gesammelt und leer, das heißt ohne einen Plan, ohne eine Bewertung oder eine Erwartung in bezug auf die Fragen oder die Antworten. Du stellst die Frage und nach einer Antwort sagst du: „Danke." Wenn keine Antwort kommt, sagst du auch: „Danke." Dann wiederholst du die Frage und sie heißt: „Was ist, wenn du Allem zustimmst?"

(Die Übung dauert ca. 10-15 Minuten. Bevor gewechselt wird und der Partner, der zuvor die Fragen stellte, nun gefragt wird, bleiben beide mit geschlossenen Augen in ihrer Position sitzen.)

Nimm zuerst wahr, was du fühlst. (Pause) Dann stell dir als ein Experiment Folgendes vor: Je lebendiger du dich da hineinversetzt, desto deutlicher werden die Ergebnisse dieses Experiments und umso mehr kannst du über dich selbst entdekken: Stell dir vor, dass du alles, was du gehört und alles, was du gesagt hast, annimmst. Was auch immer passieren wird. Wenn du ganz und gar zustimmst, bist du bereit anzunehmen, in Kauf zu nehmen, hinzunehmen. Dann nimm wahr, wie dieses Zustimmen tiefer werden kann. Und wenn es tiefer wird dann kannst du entdecken, was das mit dir macht, alles anzunehmen wie es ist. Dann kannst du noch deutlicher entdecken, was mit dir geschieht.

Dann kannst du die Augen öffnen, ohne von dem, was du im Augenblick erfährst, wegzugehen. Du kannst die Augen öffnen und die Rollen tauschen.

(Wieder nach 10-15 Minuten, im Anschluss an den Rollentausch)

Lass dich wieder auf ein Experiment ein: Stell dir zuerst vor, egal ob du gefragt hast oder geantwortet hast, dass du dich entschließt, nicht zuzustimmen. Stell dir vor, du stimmst wegen all dieser Folgen, die es dich kostet, nicht zu. Was bewirkt das, dass du diesen Weg einschlägst? Nimm all deine Tendenzen wahr: Anzuklagen, zu hadern, Recht zu haben, es besser zu wissen. Nimm all das wahr, und darin besteht das Experiment, nimm wahr, was das mit dir macht, wie du dich damit fühlst. Macht es dich größer oder kleiner, weiter oder enger?

Und dann stell dir vor, dass du dich entschließt, allem zuzustimmen. Dann steht dir nichts mehr offen, dann kannst du nur noch «Ja» sagen. Ja sagen zu dem, wie es ist und wie es sein darf. Nimm wahr, was das auslöst und bewirkt. Dann öffne wieder die Augen, verabschiede dich von deiner Partnerin oder deinem Partner und komm wieder hierher zurück.

C: Was habt ihr entdeckt?

F: *Mich hat diese Übung richtig wütend gemacht, und ich merke, dass ich jetzt noch ganz wütend bin, mein Herz klopft wie verrückt. Ich hatte zwei Gedanken: Wenn ich jetzt zustimme, wenn ich jetzt alles annähme, würde ich mir vorkommen wie ein Feigling, alles anzunehmen und dem zuzustimmen, was hier auf der Welt oder mir passiert. Der zweite Gedanke war, dass es dann doch sowieso egal wäre, dann bräuchte ich auch keine Angst zu haben und auch nicht zu kämpfen, weil es sowieso alles egal wäre. Beides hat mich sehr wütend gemacht.*

Und dann hatte ich noch den Gedanken: Wenn das so ist, dann macht mich das ganz verrückt, dann weiß ich gar nicht mehr, wie ich leben soll.

C: Gegen was willst du kämpfen?

F: *So wie das hier ist auf der Welt, das ist doch furchtbar.*

C: Gegen was?

F: *Schon als Kind fand ich alles, was passiert, ganz entsetzlich. Wir waren damals in der Gedenkstätte Buchenwald, dem ehemaligen KZ, ich war noch ganz jung und ich fand das alles ganz furchtbar. Ich finde das Leben noch immer ganz furchtbar und alles was passiert, sowohl im großen als auch im kleinen Rahmen.*

C: Was löst es aus? Wenn du dieses Furchtbare ganz an dich herankommen lässt?

F: *Entsetzen und Trauer.*

C: Ja, Entsetzen und Trauer. Was ist, wenn du diesem Entsetzen und der Trauer ganz zustimmst?

F: *Ich kann das irgendwie nicht. Das würde bedeuten, ich würde das akzeptieren, was da ist oder gewesen ist.*

C: Was verstehst du unter Akzeptieren?

F: *Na ja, ich will gar nicht, dass das Vergangene passiert ist. Ich will nicht dazu stehen.*

C: Du willst nicht, dass es passiert ist?

F: *Nein, weil es so furchtbar ist, es übersteigt einfach mein...wenn ich das zu Ende denke, was da alles passiert ist oder passiert, dann habe ich das Gefühl, verrückt zu werden. Ich kann das gar nicht aushalten, was Menschen mit Menschen machen.*

C: Warum glaubst du das nicht aushalten zu können?

F: *Weil es einfach so furchtbar ist.*

C: Ja, es ist furchtbar. Aber wieso glaubst du, dass du das nicht aushältst, dass du nicht aushältst auf die sechs Millionen Toten zu schauen? – Doch, du hältst es aus.

F: *Ja, ich lebe noch, ich halte es aus, aber ich halte es eigentlich auch nicht aus.*

C: Doch, du hältst es aus.

F: *Und es war ja nicht nur das. Es ist ja weitergegangen, und es geht ja immer noch weiter.*

C: Richtig, aber du hältst es aus, dem ins Auge zu sehen. Wenn du jetzt sagst, dass hätte nicht passieren dürfen, wie du sagst, wie fühlst du dich dann damit, während du das sagst?

F: *Na, ich frage dann, wie das kommt, wer dafür verantwortlich ist.*

C: Ja, das ist das, was du dich fragst. Aber wie fühlst du dich?

F: *Ich fühle innerlich, dass mir alles weh tut.*

C: Zu sagen, es hätte nicht passieren dürfen, bedeutet auch, dass du es besser weißt.

F: *Nein, ich weiß es nicht besser.*

C: Du weißt es nicht besser. Sobald du dir wirklich bewusst bist und dem zustimmst, dass du es nicht besser weißt, hörst du auch auf zu sagen, es hätte nicht passieren dürfen. Du weißt es nicht. Und was würde es mit deiner Seele machen, wenn du sagen würdest: „Ja, es ist so, auch wenn es viel größer ist, gewaltiger, schrecklicher, als ich glaube fassen zu können. Es ist so gewesen, und ich kann den Schmerz spüren, und all das darf so sein."

F: *Ich kann das nicht sagen.*

C: Wenn es nicht so sein dürfte, würdest du dann auch sagen, dass Gott die Welt hätte anders gemacht haben müssen?

F: *Vielleicht, warum hat er es nicht gemacht?*

C: Weil er dich nicht um Rat gefragt hat, deswegen! (Lachen)

C: Was gab es noch für Entdeckungen?

F: *Ich habe von Anfang an dem nicht zugestimmt, weil ich es wirklich unpräzise finde. Und ich fände es unverantwortlich, Allem zuzustimmen, was um mich herum jetzt, heute, gestern oder morgen passiert. Ich bin jedem dankbar, der sich im Rahmen des Möglichen wehrt. Und wenn ich mir vorstelle, dass alle Menschen, die wirklich einschreiten bei Gewalt und Angriffen, wenn diese Menschen alle sagen würden: „Ach ja, ich nehme das alles an, wie es ist," – wenn das so gemeint ist, dann möchte ich damit nichts zu tun haben.*

C: Wie kommst du darauf, dass es so gemeint sei?

F: *Dem Thema «Annehmen, was ist» ging das Thema «Tod» voraus. Das ist mein eigener Tod, damit habe ich keine Probleme. Aber ich habe Probleme damit, wenn neben mir einer erschlagen wird. Das nehme ich nicht an.*

C: Stopp, Stopp! Wie kommst du auf die absurde Idee, dass irgendjemand so etwas hinnehmen oder zulassen würde? Es ist eine schlimme Idee zu unterstellen, dass irgendjemand daran denken würde, das hinzunehmen, dem zuzuschauen, das zuzulassen, wenn neben dir jemand erschlagen wird.

F: *Es passiert doch jeden Tag.*

C: Aber wer, glaubst du, würde fordern oder denken, dass man dem zusieht und nicht jede Möglichkeit sucht, es zu verhindern? Das ist ein Akt des Mitfühlens und der Hilfe, der vollkommen selbstverständlich ist und wie von alleine kommt.

F: *Ich stimme nicht zu, wenn mir oder anderen Unrecht getan wird und daran habe ich mich gestört.*

C: Was meinst du damit, wenn du sagst: „Ich stimme dem nicht zu, wenn mir Unrecht geschieht?"

F: *Ich halte nicht zuerst die linke und dann die rechte Wange hin. Wenn ich geschlagen werde, dann schlage ich zurück, wenn es mir möglich ist. Das heißt, die Frage hat mich wirklich empört, weil ich sie so interpretiert habe.*

C: Warum interpretierst du es so? Was veranlasst dich, es so zu interpretieren?

F: *Weil ich sehe, was um mich herum läuft.*

C: Wenn du in der Situation bist, dass dich jemand angreift und du kannst dich wehren, dann wehr dich. Aber was geschieht, wenn dir nach deinem Verständnis Unrecht geschehen ist und du nichts tun kannst?

F: *Den Fall kenne ich sehr gut.*

C: Stimmst du dem dann zu?

F: *Also, ja, ich stimme dem zu, es ist halt so.*

C: Was heißt, „Es ist halt so?" Das ist der Unterschied. Ich habe es sehr präzise gesagt: Zustimmen bedeutet nicht nur zu sagen: „Es ist halt so", sondern zu sagen: „Es darf so sein".

F: *(puhh...)*

C: Was hast du darüber entdeckt, was es mit deiner Seele macht, wenn du nicht zustimmst, und was macht es mit dir, wenn du zustimmst? Hast du darüber etwas herausgefunden?

F: *Nein.*

C: Das wäre wichtig. Wenn du zustimmst, bedeutet das, du stimmst allen Möglichkeiten zu, die du hast, dich zu wehren, wenn es angemessen ist. Aber du stimmst genauso deiner Ohnmacht zu und du stimmst der Situation zu, in der du dich oder jemand anderes sich nicht wehren kann. Du stimmst allem zu, so wie es ist. Dann kannst du entdecken, was es mit deiner Seele macht.

Es gibt ein altes Gebet, das auf irische Mönche zurückgehen soll:

Herr gibt mir den Mut, das zu verändern, das ich verändern kann,
gib mir die Kraft, das anzunehmen, das nicht änderbar ist
und gibt mir die Weisheit, das eine vom anderen zu unterscheiden.

Auch Eckhart Tolle hat dieses Thema auf großartige Weise formuliert: Er sagt, dass du in oder gegenüber einer unbefriedigenden Situation drei Möglichkeiten hast:

- die Situation ändern, wenn du es vermagst
- aus der Situation heraus gehen, wenn du es kannst und es angemessen ist
- zum dritten, wenn du die Situation weder ändern kannst, noch aus ihr heraus gehen kannst oder willst, dann bleibt dir nur, sie so zu akzeptieren, wie sie ist.

Was aber die meisten Menschen immer wieder tun – so sagt er weiter – in einer Situation, die sie nicht ändern können, und aus der sie nicht herausgeben können, *dennoch dagegen ankämpfen, und das ist verrückt.* Darunter fallen natürlich alle Situationen, die schon geschehen sind oder im Augenblick bereits geschehen: natürlich ist es vollkommen verrückt, gegen etwas zu kämpfen, dass schon vorbei ist, und deswegen gar nicht mehr beeinflusst werden *kann.*

Im Daoismus ist seit Jahrtausenden bekannt, was im Westen durch den Schüler von Fritz Perls und Vertreter des Gestalt-Ansatzes Arnold Beisser in den siebziger Jahren das «Paradox der Veränderung» genannt wurde: Veränderung geschieht gerade dadurch, dass du aufhörst, etwas verändern zu wollen, sondern stattdessen bereit bist, es so anzunehmen wie es ist. Wenn du alles so annimmst wie es ist, das ist bereits die erste und oft sogar die wesentliche Veränderung. Die Assoziation von Annehmen und alles hinnehmen trifft nicht zu. Wenn du andere Menschen unterstützen möchtest sich zu ändern, dann werde am besten absichtslos, ohne Urteil und ohne Erwartung, werde am besten still. Alles annehmen wie es ist, bedeutet still zu werden.

Zu diesem Thema hat mich folgende Geschichte sehr beindruckt: In Afrika wurde ein Jugendlicher von 14 Jahren, der durch eine Landmine ein Bein verloren hatte, interviewt. Es war vielen aufgefallen, wie gleichmütig er sein Schicksal trug, ja, dass er sogar regelmäßig Leidensgenossen und andere Kinder aufmunterte und mit seiner Fröhlichkeit ansteckte. Das wichtigste, was er antwortete, war wörtlich dies: „Wenn ich dadurch, dass ich den ganzen Tag traurig auf meinem Bett läge, mein Bein wieder bekäme, dann würde ich genau das tun. Aber so ist es nicht."

C: Was gab es noch für Entdeckungen?

F: *Für mich war das in der Situation, wenn ich allem zustimme, so als wenn das Ich als etwas Festes zerspringt und die Tiefe ist frei. Es gibt sogar keine Tiefe mehr. Dann war so eine Art Glückseligkeit da. Dann hast du dieses Experiment vorgeschlagen und sogar da wurde das Ich nichts Festes mehr.*

C: Das klingt sehr schön.

F: *Bei mir war das schon sehr befreiend und erlösend, alles anzunehmen, was ist.*

C: Alle reden darüber, alles anzunehmen, so wie es ist und alles scheint selbstverständlich, alle sind einer Meinung. Aber durch diese Übung und durch das genauere Nachforschen, was es tatsächlich bedeutet, alles anzunehmen was ist, kommt – und zwar zu Recht – sehr viel in Bewegung. Wenn nämlich alle Menschen in der Lage wären, dem zuzustimmen, was ist, wirklich zuzustimmen, dann wären alle Menschen schon erleuchtet und aufgewacht. Also ist es gut, dass wir dieses Thema viel tiefer erforschen, als wir es bisher taten. Wir erforschen, was es bedeutet, was es mit der Seele macht und was es alles gibt, dem du glaubst, nicht zustimmen zu können. Es ist sehr schön, dieses Erforschen tiefer werden zu lassen und es kann für jeden einiges geschehen an Vertiefung.

F: *Ich fand die Übung sehr schön, sie hat mir gefallen. Ich habe erfahren, dass, wenn man zustimmt, es direkt zum Herzen spricht. Und ein weiterer Gedanke war dann, dass eine Zustimmung ein Reagieren in der Situation gar nicht ausschließt. Das beantwortet vielleicht vieles, was hier diskutiert wird.*

C: Ja. Zustimmen bedeutet weder zu beurteilen, dass es falsch ist, noch zu sagen, dass es richtig ist. Zustimmen bedeutet anzunehmen, dass es da ist, einfach weil es da ist. Und es bedeutet zu sagen, dass es da sein darf, schlicht weil es da ist und weil ich nicht derjenige bin, der beurteilen kann, ob oder warum irgendetwas richtig, gut oder schlecht ist. Dadurch wird man demütig. Glauben, dass man es besser könnte und dass man die Welt besser gemacht hätte, als sie gemacht wurde, vermeintlich zu wissen, ob etwas da sein durfte oder nicht da sein durfte macht hochmütig und eng. Zu sagen, es darf da sein, ohne dass ich es beurteilen kann und will, macht demütig und weit. Das ist der Unterschied und um diese Demut geht es. Diese Demut und Haltung zu finden und aus dieser Haltung heraus sich einzusetzen, wo immer man kann, wo immer man sich gerufen fühlt. Sowohl dem Sich-Einsetzen wie auch der Ohnmacht zuzustimmen, diese Haltung führt zu mehr Kraft. Solange du nicht zustimmst, hast du keine Kraft und kannst auch nichts bewirken. Die Erkenntnis, dass ein

Bekämpfen und Nicht-Zustimmen nichts bewirken kann, ist in der humanistischen Psychologie seit Jahrzehnten und im Daoismus seit Jahrtausenden bekannt: Alles was bekämpft wird, wird dadurch stärker. Das Vermiedene stellt sich ein. Es kann sein, dass du, wenn du zustimmst, in eine innere Haltung von Kraft kommst. Das kann man erforschen und herausfinden, und es lohnt sich, es herauszufinden.

Die Erfahrung im Jetzt

Trance: Aufmerksam werden

Schließe deine Augen und nimm wahr, wo gerade deine Aufmerksamkeit ist. Bei Körperempfindungen? Oder bei dem, was du hörst? Oder bei dem, was du fühlst? Wandert deine Aufmerksamkeit? Hast du einen Einfluss darauf, worauf sich deine Aufmerksamkeit gerade richtet? Erforsche das. Am meisten lohnt es sich, die Aufmerksamkeit auf das zu richten, was du gerade fühlst. Wenn du wahrnimmst, was du jetzt fühlst, kannst du dann mit deiner Aufmerksamkeit dort verweilen? Oder springt sie dir schon wieder weg? Und wenn sie wegspringt, was war der Anlass? Macht sie das von alleine? Kannst du das beeinflussen? Wenn du es schaffst, deine Aufmerksamkeit darauf zu richten, was du gerade fühlst, dann kannst du dich in dieses Gefühl hineinfallen lassen. Indem du loslässt, indem du Anspannung abfallen lässt, indem du dich diesem Gefühl ganz überlässt und hingibst.

Wenn du jetzt die Augen öffnest, kannst Du in der inneren Erfahrung, die gerade ist, weiter verweilen. Du kannst die Augen öffnen, ohne dass sich etwas verändert und bei dieser Erfahrung, die gerade präsent ist, bleiben. Jetzt.

Das Gedankenkarussel

Normalerweise springt die Aufmerksamkeit herum wie ein Affe, von dem man auch nicht weiß, ob er gleich im Baum landet oder mit einem Apfel wirft. Aber wenn es Futter gibt, dann weiß man in welche Richtung er springt. Wenn es Futter gibt, sonst nicht. Wenn deine Aufmerksamkeit hin und her springt, ohne dass du es beeinflussen kannst, dann hast du Probleme. Dann bist du nämlich diesem Durcheinander, das da in dir stattfindet, hilflos ausgeliefert.

Da kommt ein Gedanke, es folgt ein Bild zu dem Gedanken und das Bild veranlasst dich, eine Woche zurückzugehen, als dieses Bild schon einmal da war. Dann kommt ein Gefühl hoch, wie es letzte Woche war, und dann bist du plötzlich wieder hier, weil die Stimme, die du hörst, in den Vordergrund tritt. Dann hörst du wieder zwei Worte und dann fällt dir ein, dass du morgen noch ganz dringend die Blumen gießen musst oder besser neu umtopfen musst. Und dann ärgerst du dich, dass du das nicht schon längst gemacht hast, weil es schon zu spät dafür ist. Und so geht es weiter. Und irgendwie kriegt man den Tag so auch herum. Ein Kreuzworträtsel zwischendurch. Damit man sich entspannt, fängt man an herumzudenken. Und freut sich, wenn die Kästchen ausgefüllt sind. Dann war es ein sehr erfolgreicher Tag. Dann kann man die Lösung einschicken und acht Wochen hoffen und darauf spekulieren, ob man die Wochenendreise zu zweit gewinnt oder nicht und wen man mitnimmt.

Ausrichtung der Aufmerksamkeit

Die Alternative dazu ist die Ausrichtung der Aufmerksamkeit und die Möglichkeit, die Aufmerksamkeit an einem bestimmten

Punkt zu halten. Nicht auf einem beliebigen Punkt, nicht auf ein rotes Quadrat oder ein grünes Dreieck. Sondern darauf, was näher am Leben und näher an der Wirklichkeit ist – und das sind die Gefühle. Die Alternative ist, die Fähigkeit zu entwickeln, mit deiner Aufmerksamkeit im Gefühl zu bleiben.

Übung: Gefühlswahrnehmung mit Tönen

Schließe deine Augen. Geh mit deiner Aufmerksamkeit durch deinen Körper, nimm deinen Atem wahr. Dann öffne den Mund und nimm wahr, ob sich etwas verändert. Atme zwei Mal mit einem Seufzer aus, so dass Anspannung, die noch da ist, wegfließen kann. Nimm wahr, was du fühlst – deine Stimmung, ein bestimmtes Gefühl oder ein Gefühl und ein anderes Gefühl im Hintergrund oder eine Erfahrung von Leere, die tiefer ist als ein Gefühl. Finde einen Ton, der zu diesem Gefühl gehört und lasse beim Ausatmen diesen Ton entstehen. Zu Anfang musst du vielleicht ein bisschen mithelfen und dann kommt dieser Ton von allein. Achte darauf, dass du diesen Ton nicht zu lang werden lässt. Wenn du ihn zu lang werden lässt, dann besteht die Gefahr, dass der Ton dich von deinem Gefühl trennt. Achte darauf, dass der Ton so ist, dass er dir hilft, Anspannung weg fließen zu lassen und das, was du fühlst, sogar noch deutlicher zu fühlen. Achte darauf, dass es dein eigener Ton bleibt, auch wenn du andere Töne hörst. Es ist Raum für jeden einzelnen Ton. Ermögliche dir auf diese Weise, zu dem Gefühl zu werden und dich immer vollständiger von dem Gefühl erfassen zu lassen. Nimm wahr, wie sich das Gefühl verändert, ob es sich auflöst, verbrennt, abflaut, und was darunter ist, was danach kommt....(Pause)

Wenn der Ton ausklingt, dann lausche dem inneren Ton und dem Gefühl oder der Erfahrung, die tiefer ist als ein

Gefühl. Vielleicht spürst du noch Anspannung, die wegfließen kann, die du abfallen lassen kannst. Immer mehr nachgeben und nachgeben und nachgeben. Immer mehr hinein schmelzen. Jedes Gefühl, das auftaucht, kannst du willkommen heißen, und jedes Gefühl, das auftaucht, ist für dich eine Chance, das Tiefere zu entdecken. Indem du dich dem Gefühl hingibst und überlässt, verbrennt es, löst innerlich das Festhalten und die Anspannung und lässt dich tiefer kommen. Tiefer kommen zu dem, was unter dem Gefühl ist und was unter dem nächsten Gefühl ist – und zu dem Frieden und der Stille, die immer unter den Gefühlen sind, immer darunter. (Lange Stille)

Und wenn du gleich die Augen öffnest, dann kann sogar das Öffnen der Augen ein Signal sein, dich noch tiefer fallen zu lassen und in deiner inneren Erfahrung weiter zu verweilen oder zu ruhen.

Gefühle

Wenn du dich nach innen wendest, dann stößt du auf verschiedene Schichten von Gefühlen. Die oberflächlichen, die mit dem Tag zusammen hängen und die Gefühle, die mit Beziehungen oder der Arbeit zusammen hängen. Darunter sind tiefere Gefühle – wie du dich dem ganzen Leben gegenüber fühlst, Gefühle, die du gegenüber dir selber hast, also grundlegende Gefühle, die auch einen längeren Zeitraum deines Lebens bestimmen. Und darunter gibt es wieder tiefere Gefühle. Dort ist zum Beispiel die Sehnsucht angesiedelt, die dich dein ganzes Leben hindurch begleitet, eine Sehnsucht, die sich darauf richtet, wirklichen Frieden zu finden, eine Sehnsucht, die da ist, auch wenn du nicht genau wusstest, worauf sie sich richtet. Oder auch Schmerz oder Verzweiflung und Angst. Dies sind die existentiellen Gefühle. Unter den Gefühlen, noch tiefer, ist ein innerer Abgrund. Jeder kennt den, es ist wirklich ein schwarzes Loch.

Schwarze Löcher im Universum haben eine ungeheure Gravitation. Ein schwarzes Loch hat hundertfünfzigmal so viel Anziehung wie die Sonne und hat nur einen Durchmesser von fünfzehn Kilometern. Es zieht alles an, was in seine Nähe kommt und lässt es verschwinden. So wird von dem inneren schwarzen Loch das Ich angezogen und darin vernichtet. Jeder kennt den Abgrund. Die Existentialisten kennen ihn zur Genüge und haben ihn immer betrachtet und wahrgenommen, aber niemand hat entdeckt, dass man sich da hinein und hindurch begeben kann. Die spirituellen Wege haben ihre eigene Weisheit – dass man aufwachen kann und Erleuchtung finden kann – wiederum nicht mit den Entdeckungen der Existentialisten zusammen gebracht. Indem wir das Wissen aus verschiedenen Bereichen zusammenbringen, wissen wir heute tatsächlich mehr über die innere Struktur und den inneren Prozess des Aufwachens. Vor allem, wenn wir das verschiedene Wissen mit der Erfahrung zusammen bringen können. Nur soweit zur Orientierung.

Es gibt Gefühle und es gibt Erfahrungen, die tiefer sind als Gefühle. Leere, Stille und Frieden sind anders als Gefühle. Das zeigt sich daran, dass Gefühle zunehmen, wenn die Körperaktivität zunimmt, und die tieferen Erfahrungen nehmen zu, wenn die Körperaktivität abnimmt, der Atem wird ganz flach, der Kreislauf geht herunter. Normale Gefühle wallen auf, Freude wallt auf, hat einen Höhepunkt, verbrennt und löst sich wieder auf. Gefühle haben immer einen Anlass. Du freust dich, weil du etwas zu Weihnachten geschenkt bekommst. Die Freude nimmt zu, wallt auf, durchflutet dich und nimmt wieder ab. Aber die grundlegende Freude, die deine eigene Natur ist – die entdeckst du, sobald du tiefer kommst –, die hat keinen Anlass! Die braucht keinen Anlass, weil sie deine eigene Natur ist. Deswegen die Unterscheidung zwischen Gefühlen und den Erfahrungen, die tiefer sind als Gefühle.

Deswegen geht die Reise nach Innen, du kannst immer tiefer nach Innen finden und brauchst nicht das ganze Leben an dieser oberflächlichen Schicht zu verbringen, wie das die meisten Menschen tun. Sie ahnen kaum, dass darunter das viel Wichtigere, Tiefere und wirklich Erfüllende und Spannende ist.

Der Weg zurück zu den Gefühlen

Aus diesem Grund ist die Bewusstseins-Übung so wichtig, egal, wie oft du sie schon gemacht hast. In dieser Übung wirst du fortwährend gefragt: „Wessen bist du dir jetzt bewusst?“ oder bei der zweiten Form der Bewusstseinsübung: „Was fühlst du jetzt?“ Wenn du dich darauf einlässt, kannst du entdecken, dass die Wahrnehmung dessen, was du fühlst, tausendmal lebendiger und spannender ist, als irgendeine Körperwahrnehmung oder irgendein Gedanke. Weil das, was du fühlst, dein augenblickliches Dasein ausmacht: Ob du dich freust oder traurig bist, ob du in lustvoller Ekstase oder im Schmerz bist oder ob dich eine friedliche Stimmung durchzieht. Ob du Leere erfährst und untersuchst, wie weit sie ist und ob sie eine Grenze hat. Das ist das, was das Leben ausmacht. Nicht, ob dein Knie zuckt oder dein Bauch drückt oder der Nacken schmerzt. Das ist langweilig. Aber ob du dich freust und wie die Freude sich entwickelt und ob sie da sein darf und ob sie, nachdem sie so einen Höhepunkt überschritten hat, wieder abnimmt und langsam ausschwingt, und ob nach dieser Freude vielleicht Ruhe auftaucht. Das ist das Leben. Das ist noch nicht das «ganze» Leben, aber das ist erst einmal das, was das Spannendste ist, von all dem, was du mit den Sinnen äußerlich und innerlich wahrnehmen kannst.

Der Mensch hat in der Regel seit der Kindheit versucht, die Gefühle unter Kontrolle zu halten, weil sie so unberechenbar sind, so irrational, so launisch, nicht kontrollierbar und schmerzlich. Was bedeutet das für die Tiefe des Lebens?

Manche Kinder zählen in der Küche die Kacheln an der Wand, um einen bestimmten Schmerz nicht fühlen zu müssen. Und das funktioniert. Solange die Kacheln oder die Fliesen auf dem Boden gezählt werden, fühlt man nichts. Für manche Kinder ist das sogar lebensnotwendig – überlebensnotwendig. Das Untersuchen, Erklären und Verstehen ist allemal sicherer und tut weniger weh, als den Gefühlen, die man nicht verstehen kann, ausgeliefert zu sein und von ihnen gepeinigt zu werden. Und so kann man verstehen, dass das Kind anfängt, an den Gefühlen vorbei zu leben – mehr oder weniger. Der erste Schritt ist jetzt der, den Weg wieder zurückzufinden. Das Leben zu ertasten, zu erfühlen und dabei in Kauf zu nehmen, dass verschiedene schmerzhafte Gefühle hochkommen, auch beängstigende Gefühle. Die Freude ist nicht ohne die Angst zu haben. Wenn man es dann mehr und mehr schafft, mit der Aufmerksamkeit in dem Gefühl zu verweilen, ohne ständig zu den Gedanken zurückzugehen und hin und her zu springen, sondern einfach in dem Gefühl zu verweilen, dann ist da nur das Gefühl, und dieses Gefühl wird gefühlt innerhalb eines Friedens. Es gibt keinen Kampf mehr, kein Weglaufen, kein Anstrengen – es ist einfach nur ein Gefühl da. Egal ob es Freude ist oder Schmerz. Das Gefühl ist immer eingebettet in einen Frieden und in eine Weite. Was soll da Schlimmes passieren? Das ist der Weg zurück, zurück zum Ursprung.

Der Ursprung

Die Gefühle sind noch nicht der Ursprung. Sie weisen nur den Weg und geben die Richtung an. Der Ursprung ist noch tiefer.

Der Ursprung beginnt da, wo unter den Gefühlen eine Ruhe beginnt, eine Leere, eine Weite. Da fängt der Ursprung an. Und in diesen Raum, der sich darstellt und anfühlt und wahrgenommen wird als ein weiter, tiefer, bodenloser Raum oder Abgrund, kannst du dich einfach hineinfallen lassen. Probier es einmal wirklich aus.

Partnerübung: Was fühlst oder erfährst du gerade? (Bewußtheits-Übung II)

Suche dir eine Partnerin oder einen Partner und mach folgende Übung mit der Frage: „Was fühlst oder erfährst du jetzt?"

Die Übung geht so: Wenn du die spirituelle Freundin oder der spirituelle Freund bist – so nennen wir die Begleiterin oder den Begleiter–, dann fragst du:

"Was fühlst oder erfährst du jetzt?", dann kommt eine Antwort, beispielsweise: „Ich erfahre eine Ruhe". Dann wiederholst du als Begleiter oder Begleiterin das mit denselben Worten:

„Gut, du erfährst eine Ruhe." Und jetzt fügst du einen Vorschlag der Vertiefung an, vielleicht:

„Und du kannst auch wahrnehmen, ob noch ein anderes Gefühl, vielleicht im Hintergrund, da ist" oder: „Und du kannst auch wahrnehmen, wie sich die Ruhe anfühlt". Und dann sagst du:

„Und das kann dir helfen, tiefer zu fallen". Du hältst einen Moment inne und fragst wieder:

„Was fühlst oder erfährst du jetzt?"

Zur Erläuterung: Es ist klar, was ein Gefühl ist. Es ist keine Körperempfindung. Gefühle sind Traurigkeit, Wut, Freude, Schmerz, Angst, Scham und Ekel...all das. Und dann gibt es innere Erfahrungen, die tiefer sind als Gefühle, wie Stille, Frieden, Liebe,

Leere. Man kann sie nicht fühlen. Sie sind nahezu körperlos. Gefühle dagegen haben immer eine Verbindung zum Körper. Sie sind keine Körperempfindungen, aber sie haben eine Verbindung zu den Körperempfindungen.

Wenn du also in der Übung fragst: „Was erfährst du jetzt?“, dann sind darin Gefühle und die tieferen Erfahrungen eingeschlossen. Du fragst einfach 15 oder 30 Minuten: „Was fühlst oder erfährst du jetzt?“ Und dann kommt eine Antwort, die du wiederholst. Wenn dein Partner eine Körperempfindung schildert, etwa „Oh, ich spüre jetzt einen Druck im Bauch“, dann wiederholst du das *nicht* mit denselben Worten, sondern dann sagst du: „Da ist eine Körperempfindung...und du kannst jetzt auch wahrnehmen, was du fühlst. Und das kann dir helfen, tiefer zu fallen.“ Füge an den Vorschlag der Vertiefung immer an: „Und das kann dir helfen, tiefer zu fallen.“

[Nach der Übung und dem Rollenwechsel bleiben beide mit geschlossenen Augen einen Moment in dieser Position sitzen.]

Nimm wahr, was du jetzt gerade erfährst und lass dich noch tiefer hinein sinken. Ganz von alleine kann noch mehr Anspannung abfallen. Es gibt einen inneren Sog, der dich tiefer zieht, so dass du nichts tun musst, nur loslassen, nur den Widerstand aufgeben. (Stille)

Und wenn du jetzt die Augen öffnest, brauchst du von dem, was du im Augenblick erfährst, nicht wegzugehen. Du kannst sogar noch tiefer fallen, während du die Augen öffnest...

Dann kannst du dich von deiner Partnerin, deinem Partner verabschieden, und wir können hier wieder zusammen finden.

C: Ich bin neugierig, was ihr entdeckt habt, ob es etwas gab, was euch überrascht hat. Auch wenn jemand unzufrieden war, gilt es das zu untersuchen.

F: *Ich habe Angst gefühlt und auch eine Aufregung, aber irgendwann habe ich festgestellt: Am Grund dieser Angst ist Ruhe. Das war eine große Überraschung. Dann ist auch die ganze Energie, die in der Angst und der Aufregung steckte, abgeflossen.*

C: Ja. Wenn man es schafft, die Angst zu fühlen ohne wegzugehen, das ist schon die halbe Miete.

Unter der Wut und der Verletzung: die Stille

F: *Ich habe auf der rechten Seite meine Wut gespürt, im Arm. Wie sollte ich das ausdrücken? Das ist natürlich dann auch eine Körperempfindung, aber es ist wirklich auch Wut. Das kann ich ganz klar spüren.*

C: Es ist wahrscheinlich Folgendes: In deinem Arm ist nicht die Wut. Im Arm ist vielleicht der Impuls, auf den Tisch zu hauen.

F: *Ja, ganz deutlich.*

C: Richtig, aber *dieser Impuls* interessiert uns nicht. Uns interessiert tatsächlich *die Erfahrung der Wut in der Seele.* Die Äußerung, das Ausdrücken der Wut, ist schon viel zu sehr an der Oberfläche. Wenn du – um die Wahrheit zu finden – den Wunsch hast, tiefer und tiefer zu kommen, dann gehst du an Gefühle mit einer bestimmten Haltung heran, mit einem bestimmten Interesse. Um näher an die Wirklichkeit zu kommen, ist es heilsam, die Wut als Wut zu erfahren und nicht deren Abkömmlinge, nicht deren Ausdrucksformen, nicht das, was die Wut dann im Körper anrichtet. Du kannst die Wutgefühle als Gefühle und als intensive Energie fühlen, dabei bleiben und dann fragen: „Was ist unter der Wut?"

F: *Was ich jetzt gespürt habe, war eine starke Kraft. Aber ich spüre das eben immer körperlich. Ich fühle die Wut in meinem Körper – ich kann das nicht ändern – und nicht so stark in der Seele. Es hat sich gewandelt in eine starke Kraft. Es war nicht mehr so verbunden mit diesem Wunsch nach körperlichem oder auch stimmlichem Ausdruck. Und hat eigentlich jetzt – ich kann das nicht so trennen – den ganzen Körper erfüllt, aber als starke Kraft.*

C: Ja, eine starke Energie, die da aufwallt und hochkommt. Und was ist unter der Wut? Was ist tiefer?

F: *Also, im Moment spüre ich jetzt einfach wieder eine gewisse Ruhe und ich habe das Gefühl, ich könnte da jetzt noch nicht tiefer fühlen.*

C: Unter der Wut ist Schmerz, eine Verletztheit.

F: *Ja, das habe ich in der Übung eben gespürt. Das hat an einem alten Schmerz gerührt, den Schmerz, dass meine Wahrnehmungen nie galten.*

C: Ja. Wie ist es jetzt, diesen Schmerz ganz einfach zu fühlen? Ohne etwas zu tun. Geht das?

F: *Ja.*

C: Dann wird der Schmerz gefühlt, ohne zu fragen, wo er herkommt, wer Schuld hat, was dagegen getan werden kann. Nichts. Nur noch dieser Schmerz. Und was ist unter dem Schmerz, tiefer als das?

F: *Das Gefühl ging von Schmerz in Trauer über. Und jetzt ist ein Frieden da.*

C: Wie verändert sich der Schmerz in Trauer? Was hast du dabei erlebt?

F: *Ich kann nur sagen, erst habe ich ein Gefühl von Schmerz gespürt, dann von Trauer in der Form, dass die Tränen anfingen aufzusteigen.*

C: Das muss nicht unbedingt Trauer sein, das können auch die Tränen des Schmerzes sein.

F: *Da war so ein Gefühl, das mir in die Augen aufstieg.*

C: Verschiedene Gefühle machen Tränen. Es gibt Zornestränen, es gibt Tränen der Traurigkeit, es gibt die Tränen von Berührung... sehr viele verschiedene. Nicht jede Träne bedeutet Traurigkeit.

Es ist so heilsam, wenn die Wut verbrennen kann und dann der Schmerz gefühlt wird, der unter der Wut ist, denn dadurch entsteht wirklicher Frieden. Nur dadurch. Solange du in der Wut steckst, willst du abwehren, bekämpfen, willst du selber den Schmerz nicht fühlen. Solange du in der Wut steckst, bist du ein Teil dieses endlosen Kreislaufs von Gewalt, Verletzung, Rache, Wiedergutmachen und wieder Gewalt. Ein endloser Kreislauf. Und wenn du die Wut verbrennst und tiefer gehst und den Schmerz fühlst, beendest du diesen Kreislauf. Deswegen ist die Forderung, die Feinde zu lieben, so radikal, weil sie das Karma beendet. Es macht Schluss.

Es gibt eine neurobiologische Grundlage der Aggression. Aggressives Verhalten geht einher mit einer Blockierung der ganzen Gefühlswahrnehmung. Das macht ja auch biologisch Sinn: Wenn ich mich verteidigen und kämpfen muss, dann ist es einfach biologisch sinnvoll, dass ich meine Verletzung und meinen Schmerz nicht fühle, dass ich ja sogar noch nicht einmal Mitleid fühle – dass die Gefühle abgeschnitten sind. Wenn du jetzt die Wut fühlst und dann gleichzeitig den Schmerz, der darunter ist, beendest du diese biologische Konditionierung, dann machst du Schluss mit dem Karma, das sonst ewig weitergeht. Ewig. Als unmittelbare, innere Wirkung, nachdem der Schmerz gefühlt wurde, wird der Frieden ungleich tiefer als vorher.

C: Was gab es noch für Entdeckungen?

F: *Also, wenn ich jetzt so die Angst fühle, dann taucht darunter oft Schmerz auf. Das ist wie so ein inneres Brennen, ziemlich stark.*

C: Ist das ein seelischer Schmerz?

F: *Ja, kein körperlicher Schmerz. Da kommt jetzt diese Verlorenheit oder Hilflosigkeit und dann kommt ein Schmerz. Auch Tränen...*

C: Das ist doch gut. Und was kommt nach den Tränen? Was ist unter denen?

F: *Es tauchen parallel Wärme und Frieden auf...und dann kommt auch wieder so eine leichte Angst, und wenn ich dann dahin spüre, wieder Schmerz.*

C: Gut! Es ist doch fantastisch, den Weg zurückzufinden aus der endlosen gedanklichen, mentalen Verstrickung. Die ewigen Gedanken zu beenden und die Unfähigkeit, überhaupt Gefühle zu fühlen. Du hast den Weg zurückgefunden. Jetzt geht es darum, auf diesem Weg zu bleiben, weil sich dadurch Schicht um Schicht des Inneren zeigen kann und entfaltet und du dadurch tiefer und tiefer kommst, um endlich dann den Grund von allem zu entdecken.

F: *Da war erst auch Wut, deswegen habe ich auch aufmerksam zugehört. Es war nicht so eine gebundene Wut mit einer Geschichte, wie es im Alltag manchmal vorkommt, dass man dann anhält und die Wut fühlt. Sie tauchte wie etwas sehr Energetisierendes auf und gleichzeitig auch wie eine Prise Schmerz. Also nicht eine Differenzierung zu Schmerz, sondern nur eine Nuancierung, die da in der Wut noch vorhanden ist. Ich glaube, das hat eine Viertelstunde gedauert. Das hat auch sehr gezogen. Dann fing auch plötzlich ein ganz starker Sog an, ein Ziehen am Köper. Und jetzt ist meine Frage: Da muss doch erst noch einmal richtiger Schmerz kommen?*

C: Es muss nichts kommen. Die Gefühle sind in Schichten übereinander gelagert, aber diese Schichten haben keine bestimmte, festgelegte Struktur. Es muss nichts kommen. Du entdeckst, was kommt. Und das kann mal so sein und mal so. Dieser Sog, der dann einsetzt, wenn du dich dem Fühlen und der Erfahrung einfach überlässt, führt dich nach Hause zurück. Auf der einen Seite ist da das Gefühl und auf der anderen Seite ist da das Ich, das eine Haltung dem Gefühl gegenüber hat: Ob das Ich das Gefühl haben will oder nicht haben will, ob es dagegen angeht, ob das Ich Angst vor dem Gefühl hat, ob es das Gefühl ignoriert oder ob es die Gefühle grundsätzlich ablehnt, weil es Gefühle mit Kontrollverlust assoziiert und das auf keinen Fall zulassen will. Diese Haltung beeinträchtigt natürlich die Wahrnehmung des Gefühls. Wenn du jetzt – ganz unabhängig davon, was dieses Ich plappert, ob es Angst hat und etwas nicht haben will – dieses Gefühl da sein lässt und ihm Raum gibst, dann wird das Ich still. Dann wird dem Ich, diesem plappernden Etwas, einfach der Raum entzogen.

Angst oder Freude und Stille

F: *Es ist immer so spannend, wenn die Unruhe da ist oder die Angst und dann ist trotzdem nebenbei auch die Stille oder der Frieden. Das ist aber auch oft so schnell hintereinander passiert...*

C: Schnell hintereinander oder gleichzeitig?

F: *Eigentlich gleichzeitig.*

C: Ja, wenn da die Unruhe ist und das Ich keine Haltung mehr hat, keine Ablehnung und keine Anhaftung, nicht dagegen angeht, nicht vom Gefühl weggeht und nicht hinrennt und nach dem Gefühl greift. Dann ist an der Stelle, wo vorher Ich und Kampf war, Frieden. Dann ist die Unruhe immer noch da, aber innerhalb eines Friedens, weil niemand mehr etwas gegen die Unruhe tut. Stell dir einen wilden Stier vor, du willst ihn an den Hörnern packen, damit er zur Ruhe kommt, weil du denkst, wenn ich ihn festhalte, dann kommt er zur Ruhe. Das funktioniert natürlich nicht. Aber wenn du diesen wilden Stier einfach auf die große Weide entlässt, wo er Platz hat, Raum hat, dann tobt er sich da aus und dann kommt er zur Ruhe und nach zehn Minuten fängt er an, Gras zu fressen. Ganz einfach. Zwangsläufig.

Du hast also einen zweifachen Gewinn: Der erste Gewinn ist sofort da: Es taucht Frieden auf, weil der Kampf beendet ist. Der zweite Gewinn ist, dass dich genau das tiefer und tiefer und näher und näher an die Wirklichkeit heranführt, zu dem Selbst, zu dem was du schon immer bist.

F: *Ich möchte noch etwas fragen. Bei mir kam Freude auf. Ist es so, dass man Freude einfach nur wahrnimmt – ich habe gedacht, ich müsste gleich lachen – oder auch ausagiert, oder einfach beobachtet, dass da Freude ist und so dass die dann einfach verbrennen kann.*

C: Du hast gedacht, dass du gleich lachen musst. Was hast du gedacht, was passieren würde, wenn du nicht lachst? Was geschieht dann?

F: *Dann ist das Denken ja wieder da. Dann ist die Freude wieder weg... Bei Freude ist es kein Ausagieren, wenn man lacht?*

C: Das hängt von der Art des Lachens ab. Das Lachen, das von alleine geschieht, ist kein Ausagieren, genauso wenig wie ein Weinen. Es ist eine autonome Reaktion des Körpers.

F: *Und es geht dann darum, dieses Lachen dann einfach nur wahrzunehmen?*

C: Ja. Und die ganze Freude zu erfahren. Wenn es sich so anfühlt, als würdest du gleich vor Freude oder Ekstase explodieren, kann es genauso beängstigend sein, die ganze Freude zuzulassen wie zu einem anderen Zeitpunkt den Schmerz.

Der Schmerzkörper

F: *Ich habe eine wichtige Erfahrung bei der Übung gemacht, dass nach außen gerichtete Gedanken mit dem dadurch ausgelösten Gefühl meine eigene Verletzlichkeit übertünchen.*

C: Dann kannst du die Verletzung fühlen und zur Stille zurückfinden, ohne den Schmerzkörper zu beleben. Der Schmerzkörper wird dadurch aktiviert, dass man eine Verletzung fühlt und dann mit Hilfe ganz weniger, destruktiver Gedanken den Schmerz von Dekaden oder Jahrhunderten wieder hochkommen lässt. Bestimmte Gedanken aktivieren den Schmerzkörper, etwa: „Ich armer Mensch, was mir immer zustößt." Schon sind Tür und Tor geöffnet für tausend schmerzhafte Erfahrungen, die einem zugestoßen sind. Die Ursache ist, dass man nicht einfach bei der Verletzung geblieben ist, die gerade da war, sondern dass man wieder zurück in den Gedanken gegangen ist.

F: *Wenn du dann sagst: „Bereit sein, den Schmerz der ganzen Welt zu fühlen", dann ist eher damit gemeint, dass es nicht mein Schmerz ist, sondern, dass es der Schmerz ist?*

C: Richtig. Aber auch der Schmerz, der in der ganzen Welt da ist. Nicht der Schmerzkörper der ganzen Welt. Sondern, das was an Schmerz da ist: Der Schmerz über den Krieg, der jetzt existiert, über die Hungersnot oder über die gesellschaftliche Ungerechtigkeit. Es ist eines der wichtigsten Paradoxien des menschlichen Lebens: Wenn du bereit bist, den Schmerz der ganzen Welt zu fühlen, fällt alles Leid von dir ab, und der Schmerz, der zu fühlen ist, ist eine leichte Bürde. Der Albtraum des Menschen resultiert gerade erst aus dem zwangsläufig scheiternden Versuch, dem Schmerz zu entkommen.

F: *Ich bemerke immer mehr, dass die Stille da ist, aber immer auch wieder unterbrochen wird, Stille, Unruhe, Stille. Ich erfahre auch das, was du immer sagst: „Die Stille bleibt." Und das andere, die Unruhe, bewegt sich dann nur darauf. Es ist noch nicht so sichtbar.*

C: Wenn in der Stille ein Wunsch auftaucht, ist es entscheidend, dass du einfach bei der Unruhe bleibst und dann wieder zur Stille zurück findest.

F: *Alle Gedanken sind ja Konzepte. Heute wurde mir den ganzen Tag deutlich: „Das ist ein Konzept. Das ist auch nur ein Konzept". Im Prinzip bleibt ja nichts übrig.*

C: Es bleibt nichts übrig.

F: *Mit diesem Nichts bin ich dann in die U-Bahn eingestiegen. Auf einmal – es war ja Nichts da – habe ich mich gefragt, ob ich mich jetzt konzentrieren müsste? Und wenn ich mich nicht konzentrieren würde, würde ich zu weit fahren!*

C: Es wäre nichts Schlimmes passiert.

F: *Nein, ich wäre auch am Ziel angekommen.*

C: Ja irgendwann. Die U-Bahn fährt im Kreis. Du kommst dann wieder an. (Lachen)

F: *Ist es wichtig, immer wieder diese Fixierungen anzugucken und Konzepte zu erkennen?*

C: Es hilft dir zu erkennen, dass du die Fixierung und dass die Konzepte nicht bist. Es bleibt nichts übrig. Es ist ein riesiges

Kartenhaus, dass das Ich aufbaut, um sich Bedeutung zu verschaffen. Tatsächlich ist es nichts. In Wirklichkeit ist es leer.

F: *Das macht auch irgendwie Freude...*

C: Es ist wirklich erleichternd.

F: *Es entsteht etwas anderes.*

C: Ja. Das stimmt. Das Andere ist die Stille und die Liebe, die dann endlich aufscheinen dürfen, wenn der Lärm aufhört.

F: *In dieser Nacht hatte ich einen komischen Traum. Nach dem Traum habe ich mich hingesetzt und beobachtet, wie zwei Schichten abfielen. Ich konnte zulassen, dass ich mich hineinfallen ließ – aber etwas bremst mich noch.*

C: Es ist nicht die Angst, die dich bremst, sondern deine Reaktion auf die Angst: dich festhalten und dich von der Angst bestimmen lassen.

F: *Wenn du über den Schmerz der ganzen Welt, den Hunger und den Krieg sprichst und trotzdem dabei lachst, fühlst du dann den Schmerz?*

C: Manchmal ja, manchmal sogar sehr heftig. Und manchmal nicht.

F: *Ich möchte noch wissen, ob der Schmerz auch Platz hat in dem großen Raum?*

C: O ja, der hat Platz.

F: *Ist denn der Schmerzkörper bei dir aufgelöst? Oder erfährst du auch manchmal noch einen Restschmerz?*

C: Schmerz ist da, aber kein Schmerzkörper. Damit ein Schmerzkörper da sein kann, müssen Gedanken da sein, vor allem die selbst bedauernden Gedanken: „Ich Armer! Was ist mir alles zugestoßen! Wie schlimm hat das Leben mit mir gespielt!" Sie öffnen dem Schmerzkörper Tür und Tor. Die wichtigste Ursache für andauernden und nicht verbrennenden Schmerz ist das Hadern, mit dem was war. Wenn man das, was schon längst vorbei ist, immer noch anders haben will.

Reaktionen des Körpers

F: *Wie ist es, wenn der Geist erkennt, dass nichts mehr da ist und gleichzeitig aber im Körper viel stattfindet?*

C: Wenn man in der Lage ist, alles loszulassen – die Gedanken loszulassen, die Gefühle zu fühlen –, dann fällt unglaublich viel Anspannung ab. Dann ist der Körper in einem sehr entspannten Zustand. Es kann sogar sein, dass der Körper dann – je nachdem, wie weit man kommt – so entspannt ist, wie er es seit den Säuglingstagen nicht mehr war. Wenn das Ich aufhört, fällt jeder Grund zur Anspannung weg. Dann kann man erst richtig entdecken, wie der Körper nachgibt, loslässt und wie entspannt der Körper sein kann. Aber auch schon vor der vollständigen Ich-Auflösung kann man – so wie du es erfährst – erreichen, dass eine gewaltige Menge Anspannung abfällt. Dann kann es auch Zustände geben, in denen die starke Anspannung wieder da ist. Wenn das Ich zurückkommt und den Kampf wieder aufnimmt. Jetzt erlebst du eine große Diskrepanz. Das Ich tritt wieder auf den Plan, als wenn es etwas zu bekämpfen und zu schützen gebe. Dadurch spürt der bisher entspannte Körper die Wiederkehr all der Anspannung. Wenn man aus dem angespannten Zustand sehr viel loslässt, also sehr plötzlich in den entspannten Zustand kommt – etwa weil das Ich wirklich loslässt –, bewirkt das ein Ziehen und ein Zerren im Körper. Der Körper kann das nicht so schnell nachvollziehen. Da löst sich Anspannung, gleichzeitig gibt es noch Blockaden, und dann fließt die Energie stärker, gleichzeitig existieren noch Blockierungen. Die Energie verhält sich wie das Meer, das, wenn es einfach fließt, schön und anmutig ist. Wenn es aber auf eine Felswand trifft und das Wasser gegen sie anprallt, entstehen Wirbel und Gischt.

Wenn du also anfängst, dich zu entspannen, um die Ichlosigkeit zu erfahren, dann wirst du auch im Körper immer hin und her geworfen werden. Wenn du dann von der Anspannung zu der Entspannung kommst, dann wird es im Körper dieses Ziehen, Zuckungen und andere Körperreaktionen geben: Entweder solche, die nach außen sichtbar sind, oder solche, die nur innerlich fühlbar sind. Der Körper kann innerlich wie auch äußerlich reagieren, wenn er sich in großer Geschwindigkeit dem anzupassen versucht, was geschieht. Das ist natürlich nicht mit einem Mal zu schaffen. Wenn du also an der Spitze eines Berges stündest und der Körper sich angepasst hat und du dann plötzlich wieder nach unten kommen würdest, muss sich der Körper den wechselnden Umständen anpassen. Sobald wieder Gedanken auftauchen, die dann wieder ichhaft werden, kommt der Körper rasch wieder in eine angespannte Haltung.

Mit anderen Worten bedeutet das: Solange der Mensch durchgehend angespannt ist, wird er seiner Anspannung nicht bewusst. Die gewohnte kontinuierliche Anspannung ist meist kaum noch spürbar. Aber wenn du den Unterschied zwischen Anspannung und Entspannung erfahren hast und zwischen den Zuständen hin und her wanderst – mitunter auch sehr schnell –, dann zeigt der Körper die verschiedensten inneren Phänomene, mal zieht und zwickt es, mal fließt und zerrt es, dann pulsiert, strömt und vibriert es.

Was kann man da tun? Das Wichtigste ist, zurückzutreten, nichts zu tun und den Körper möglichst ungestört reagieren zu lassen. Dadurch hat man einen doppelten Gewinn: Zum einen, weil der Körper sich sowieso am besten alleine reguliert und zum anderen, weil du wieder deine innere Haltung des Zurücktretens und des Nicht-Tuns entwickelst. Entspannung geschieht durch Zurücktreten.

Vierter Teil
Begegnung mit dem Tod

Der innere Tod: der Tod des Ich

F: *Ich hatte Freitagnacht einen Traum, in dem ich eine Trauerkarte schreibe. Als ich die Karte aufklappte, stand da mein Name. Da habe ich mich erst einmal erschrocken. Ich konnte gar nicht mehr einschlafen und dachte, ich müsste vielleicht wirklich sterben. Ich hatte große Angst. Ich wollte es meinen Söhnen sagen, befürchtete aber, dass sie es wieder als Erpressung auffassen würden. Manchmal habe ich das Bedürfnis sie zu sehen und sie haben keine Zeit. Ich frage mich manchmal, ob ich lange genug lebe, um sie noch genug zu sehen. Nach dem Traum dachte ich erst einmal, dass ich jetzt vielleicht wirklich sterben muss. Der Traum hat mich ziemlich angegriffen.*

C: Lass es dich so sehr angreifen, bis nichts mehr übrig ist.

F: *Wie meinst du das? Bis nichts mehr übrig ist?*

C: Von dir!

F: *Von mir? Also, bis ich tot bin.*

C: Wer ist denn dann tot? Lass doch das Ich sterben. Lass das Ich sofort sterben. Meinst du nicht, dass es dir dann besser geht?

F: *Das weiß ich nicht.*

C: Du bist dir nicht sicher? Das Ich ist ein Quälgeist.

F: *Ich bin nicht sicher.*

C: Was? Du bist nicht sicher? (Lachen) Das werden wir herausfinden. Mit dem Tod konfrontiert zu werden, ist das Beste, was dir passieren kann.

F: *Das Merkwürdige war nur, dass ich tagsüber auch schon einmal das Gefühl hatte, ich wäre ein Stück gestorben. Es war bei der Arbeit. Ich bin dann wieder in dasselbe Gefühl hereingekommen: Es ist doch egal, es ist doch sowieso immer alles falsch. Und ich war auch so enttäuscht, von dem Leben oder von den Menschen. Ich dachte wirklich, ich fange jetzt an zu sterben. Ich hatte das Gefühl, es ist ein Stück von mir gestorben. Ich kann das nicht richtig erklären. Und dann habe ich eben nachts diesen Traum geträumt. Und dann dachte ich, dass ich die Nase voll vom Leben habe. Ich habe auch Angst vor dem Tod.*

C: Lade die Angst ein. Aus Lebensüberdruss sterben zu wollen, das ist keine gute Haltung.

F: *Ich will ja auch noch gar nicht sterben. Das ist es ja.*

C: Es geht überhaupt nicht darum, sterben zu wollen. Es geht ja im Gegenteil darum, gar nichts mehr zu wollen. Und das bedeutet zu wissen, wirklich zu wissen, dass du nicht weißt, ob der Tod heute, morgen, übermorgen oder in 40 Jahren auf dich zukommt. Zu wissen, dass du es nicht weißt, bedeutet, nicht so zu tun, als ob du auf jeden Fall noch lange leben würdest. Und wenn du jetzt weißt, dass du es nicht weißt, dann kannst du damit einverstanden sein. Das bedeutet, zu sagen, wenn der Tod morgen auf mich zukommen würde, dann will ich «Ja» dazu sagen.

F: *Nein, das kann ich aber gar nicht.*

C: Was heißt, du kannst es nicht! Du würdest es müssen!

F: *Ja, ich muss es vielleicht, aber ich will es nicht.*

C: Du willst nicht «Ja» dazu sagen?

F: *Nein.*

C: Das ist der direkte Weg ins Unglück! Dann besteht dein ganzes Leben aus Kampf und aus Unwahrheit. Weil du der Wahrheit, dem was tatsächlich ist, nicht ins Auge sehen magst und das zerreißt dich. Alles das, was ist, nicht zu wollen, führt dich direkt zum Unglück. Zu Anspannung, zu Verkrampfung, zur

Unwahrheit, zum Anrennen gegen Windmühlen. Das ist Unglück.

F: *Mit vielem kann man sich doch gar nicht einverstanden erklären. Mit dem, was ist, oder man soll eben nichts mehr wollen. Ich kann mir das gar nicht vorstellen.*

C: Ohne mit allem was ist einverstanden zu sein, wirst du den wirklichen Frieden und die überwältigende Freude nicht erfahren, die du eigentlich bist. Im Augenblick des Einverständnisses hört aller Kampf auf. Die Verkrampfung aus Jahrzehnten fällt einfach ab.

F: *Also, als ob das so einfach wäre. Sogar Jesus hat gesagt, der Kelch soll an ihm vorbeigehen.*

C: Da musst du genau hinhören! Er hat gesagt: „Wenn der Kelch an mir vorübergehen kann, dann soll er vorübergehen." Es heißt doch nicht, dass man danach schreit, ans Kreuz genagelt zu werden! Wer kann es sich wünschen, ans Kreuz genagelt zu werden? Niemand! Aber man kann damit einverstanden sein, wenn etwas geschieht, was man nicht wünscht, und das man nicht ändern kann oder möchte.

Das erklärt den ersten Satz «Wenn es vorübergeht, soll es mir lieber sein. Aber wenn es nicht möglich ist, bin ich damit einverstanden». Und dann kommt der dritte Satz «Denn nicht mein Wille, sondern Dein Wille geschehe». Dieser Satz stiftet inneren Frieden. Und dieser Frieden ist tausendmal mehr wert als jedes Kreuz, das einem zugemutet wird. Das ist das Geheimnis des Lebens.

Stephen Hawking, der inzwischen keinen Muskel seines Körpers mehr bewegen kann, wurde darüber befragt, was ihm seine Krankheit bedeutet und wie er sich dazu verhält. Er sagte, dass ihm im Leben nichts Besseres hätte passieren können.

Der Frieden, der auftaucht, wenn ich das annehme, was ist, ist tausendmal mehr wert als irgendeine Situation. Dieser Friede ist das, was zählt.

Dem Tod und der Angst begegnen

Der spirituelle Weg verläuft nicht gleichmäßig, sondern er scheint manchmal auf einem Plateau zu bleiben, und dann wiederum kann man plötzlich ein ganzes Stück tiefer kommen. Auch kann es Rückschläge geben, plötzlich ist der Lärm wieder da. Gerade danach kann vielleicht ein Erdrutsch kommen. Du kannst nur immer ganz offen dafür sein, dass du plötzlich durch eine wichtige Entdeckung viel tiefer kommen oder plötzlich aufwachen kannst. Lass dich nicht beeindrucken und habe keine Erwartungen, wie es weitergehen wird. Vielleicht hilft das Bild vom Fluss, der gemächlich dahin fließt, und plötzlich zeigt sich hinter der nächsten Kurve ein Wasserfall oder der Ozean. Am besten ist es, keine Erwartungen zu haben, alles für möglich zu halten und für alles offen zu sein; dass «nichts» passiert, ist auch eine Erwartung. Du kannst offen sein dafür, dass alles möglich ist. Vielleicht fragst du dich, wie du es machen kannst, dass du keine Erwartungen hast.

Es gibt zwei Wege:

Es gibt den ersten, den direkten Weg: Du fragst dich: Was *erfahre* und *fühle* ich *im Augenblick?*

Oder – das ist der zweite Weg – du kannst dir selber innerlich als dein eigener spiritueller Lehrer begegnen. Es taucht eine Erwartung auf, und die innere Lehrerin fragt: „Woher weißt du das?" Ist diese Erwartung etwas anderes als ein ausgedachter Gedanke? Die innere Lehrerin fragt weiter: „Welche Prophezeiung ist mit dieser Annahme verbunden? Ist diese Vorannahme begründet?" Du kannst dich als innere Lehrerin mit der Klarheit des Verstandes selber befragen, deine Ego- Gedanken auffliegen lassen.

Mit dem Tod hören alle Erwartungen auf. Darum ist der Tod die größte Herausforderung für das Leben. In Tibet gibt es das «Totenbuch»: Das Leben als Vorbereitung auf den Tod betrachten. Wenn es mir gelingt, *in jedem Augenblick* zu sterben, dann schleppe ich nichts mit mir herum, keine Identität, keine

Glaubenssätze und keine Erwartungen. Dann sterbe ich im Augenblick und kann mich im Augenblick finden. Ich sterbe jetzt!

Du kannst jetzt ein Experiment machen. Frage dich: „Welche Erwartungen habe ich an diesem Abend?“ Und diese Erwartungen kannst du einfach verbrennen.

Was ist dann? Wenn ich jetzt sterbe, habe ich auch keine Identität mehr. Ich schleppe dann nichts mehr mit mir herum. Ich trete zurück und gebe dem Augenblick Raum. Wenn ich keine Erwartungen habe, dann weiß ich nicht, was passiert. Was geschieht, wenn ich nicht weiß, was passiert? Was passiert dann mit mir?

Ich kann Phantasien herholen, was passieren könnte. Oder ich kann mit dem Geist ganz weggehen. Zum Beispiel überlege ich, was die Katze zu Hause macht.

Wenn ich das nicht tue, bin ich in *diesem* Augenblick und weiß nicht, was *im nächsten* geschieht! Was ist dann? Es ist leer. Die meisten Menschen denken, wenn sie «leer» hören: Ich muss schnell etwas tun, um es wieder ‚voll‘ zu machen. Aber das brauchst du nicht. Du kannst dich dieser Leere aussetzen und dich tiefer in diese Leere hinein fallen und ziehen lassen. Nicht wissend, was geschieht.

F: *Ich bemerke, wie wichtig mir meine Umwelt ist.*

C: Wovon ist das motiviert, die Außenwelt so sorgfältig wahrzunehmen?

F.: *Es gibt mir ein Gefühl von Klarheit.*

C: Es ist wichtig, die Intention dahinter zu erforschen. Was du Klarheit nennst, ist eine Illusion von Sicherheit. Deiner Angst begegnest du mit dem Beobachten der äußeren Umgebung. Das innere Reich der Freude und Ruhe ist weg, sobald du dich aktiv mit dem Herumschauen befasst. Wenn du Ruhe und Freude da sein lässt, dann siehst du außen immer noch etwas, aber das wird leer. Dann bist du erfüllt von der Freude. Dann entdeckst du, was unter der Freude ist. Lass dich darauf ein.

Die Frage ist sehr wichtig. Die meisten Menschen verstehen unter dem, was im Augenblick ist, nur die oberflächlichen Sinneswahrnehmungen. Das Wesentliche des Augenblicks liegt viel tiefer. Nur wegen der Oberfläche würde sich unsere Arbeit nicht lohnen. Wenn du dem Äußeren zu viel Aufmerksamkeit schenkst, bist du abgeschnitten. Ich kann nicht gleichzeitig nachdenken, was ich morgen kochen will, und den gegenwärtigen Augenblick fühlen. Du kannst nicht gleichzeitig im Urlaubsprospekt über das Meer lesen und im Meer schwimmen. Entweder gibst du dich dem Reich der Sinne oder dem Reich der tieferen Erfahrungen hin.

Angst, die Kontrolle zu verlieren – offen sein und ohne Erwartungen

Wenn man sich dem Augenblick zuwendet, dann hat man das Gefühl, die Kontrolle zu verlieren. Aber es ist nur eine Illusion, dass man die Kontrolle hätte. Du hast keine Kontrolle, die du verlieren könntest. Es ist eine ungeheure Herausforderung, der Angst zu begegnen, die auftaucht, wenn die Illusion von Kontrolle zerbricht.

Wenn ich mich dem Augenblick hingebe, dann ist nur noch die Tiefe da. Nicht einmal Zeit existiert noch. Der Gedanke: „Och, dieses Wochenende werde ich doch nicht aufwachen“, ist eine Erwartung, eine Befürchtung. Mit dieser Erwartung bin ich nicht mehr offen für das, was *jetzt geschieht*. Offen sein heißt keinerlei Erwartungen zu haben, wirklich offen für alles zu sein. Nichts auszuschließen. Du kannst *jetzt* aufwachen. Du kannst dich der Tiefe immer mehr überlassen.

F: *Wenn ich in den Augenblick komme, dann schlafe ich ein. Der Verstand macht, was er will.*

C: Wenn du nach Innen gehst, brauchst du nicht einzuschlafen. Was fühlst du, was erfährst du jetzt?

F.: *Unruhe...Trauer.*

C: Wieviel Gefühl hat sich jetzt bei dir gezeigt! Unruhe und Trauer. Ist das nicht lebendiger als alle Gedanken, die du dir machen könntest?

Sogar die Gefühle, die so lebendig sind, sind nur die Oberfläche von dem, was unter den Gefühlen ist. Und schon wenn du dich den augenblicklichen Gefühlen hingibst, wird dein Leben ein Abenteuer werden.

Partnerübung, wiederholte Frage: „Wenn du noch einen Tag zu leben hättest"

Du stellst deinem Partner die Frage: „Wenn du noch einen Tag zu leben hättest, was würdest du dann tun?"

Diese Frage wird immer wiederholt. Der Fragende unterstützt den Partner ohne zu urteilen, ohne Erwartung und ohne Plan.

Nach der Beantwortung sagst du: „Danke" und wiederholst die Frage. Dadurch kann der Partner Antwort um Antwort auftauchen lassen. Du bist auf dem richtigen Weg, wenn dich deine eigenen Antworten selbst überraschen.

(Nach dem ersten Durchgang)

Schließe deine Augen! Lass noch einmal alles vorbeiziehen, was du gehört hast und alles, was du gesagt hast. (Pause)

Dann erforsche folgende Frage: Was wäre von dem, was ich an diesem Tag noch tun würde, das Wichtigste? Wenn ich nur noch eine einzige Sache tun könnte, was wäre das dann? (Pause)

Nimm wahr, was du dabei fühlst oder erfährst und dann lass dich in dieses Gefühl, in diese Erfahrung hinein sinken

Wie tief ist diese Erfahrung? (Pause)

Dann kannst du, ohne von dem wegzugehen, was du gerade erfährst, die Augen öffnen.

(Die Rollen werden getauscht und die Übung wird wiederholt.)

C: Was habt ihr entdeckt und was hat euch überrascht?

F: *Das Wichtigste war für mich, mich hinzugeben, mich zu beugen in Dankbarkeit und Liebe. Mich hat die Tiefe des Gefühls überrascht, es war der Ozean. Grenzenlos!*

C: Wenn es so grenzenlos ist, dann kann es nichts geben, was außerhalb davon existiert. Dann kam der Kopf dazwischen. Loslassen ist nichts tun. Loslassen erscheint nur wie ein Tun. Das Loslassen beendet alles Tun. Du kannst tiefer hinein sinken, indem du gerade nichts tust, dann geschieht es von alleine.

F: *Die Liebe zu leben, das gelingt mir am besten mit den Menschen, mit denen ich am nächsten bin. Wo bleibt die Liebe hängen? Warum ist sie immer schon eingeschränkt? Wenn man seine Liebe ausdrückt, macht das auch Spaß.*

C: Das Bedürfnis zu lieben ist größer als das Bedürfnis geliebt zu werden.

F: *Ich glaube, dass das ganze Leben keinen Wert hat ohne diese Liebe.*

C: Aber du kannst sie nicht verlieren, weil du nichts anderes bist als Liebe.

F: *Ich spüre das nicht immer.*

C: Warum versteckst du es dann? Du tust so, als wenn du etwas anderes wärst, als wenn du getrennt wärst von den anderen und dich schützen müsstest. Du denkst, dass du etwas erreichen musst, dem anderen gefallen musst. Mit all dem verstellst du dich. Du bist damit so beschäftigt, dass du das nicht mehr bemerkst. Du kannst das alles sein lassen. Dann erfährst du die Liebe, die du bist. Nicht eine Liebe, die auf etwas gerichtet ist oder die etwas will. Nicht eine Liebe, die auf jemand gerichtet ist und etwas von ihm braucht. Das nicht. Du bist diese Liebe. Alles andere ist nur Verstellung, inszeniert durch das Ich.

F: *Wenn es einem mal schlecht geht einen Tag oder zwei, ist das dann auch Verstellung?*

C: Die Liebe zu sein bedeutet nicht, dass es dir nicht mal schlecht gehen kann. Du bist die Liebe, und es geht dir schlecht. Dabei bleibst du die Liebe. Ganz liebend geht es dir schlecht. Glaubst du, wenn Jesus am Kreuz hängt, dann geht die Liebe flöten? Weil er denkt: Was für ein schrecklicher Tag heute! Der Irrtum ist folgender: Die Leere zu sein, die Liebe zu sein bedeutet nicht, bestimmte Gefühle nicht mehr zu haben. Traurig sein, Schmerz erfahren, auch Freude und Glück erleben, dass alles findet statt. Aber die Liebe zu sein bedeutet, von diesen Gefühlen nicht okkupiert zu werden. Es bedeutet, mit dem Gefühl, was auftaucht, nichts zu tun. Hingegen mit dem Gefühl identifiziert zu sein hieße, danach zu greifen, es zu erklären oder es los sein zu wollen. In der Stille ist nur das Gefühl da und kein Ich: Das Gefühl wallt auf und verbrennt wieder.

F: *Ein wesentlicher Teil des spirituellen Weges ist, die Angst zum Freund werden zu lassen, sie zu fühlen ohne sich dagegen zu wehren, sich der Panik aussetzen zu können. Wie mache ich das?*

C: Ganz einfach. Nichts machen. Die Angst kommen lassen. Was taucht jetzt auf?

F: *Ich reagiere automatisch so, indem ich ausweiche. Ich verkrampfe mich.*

C: Ja, du gehst weg von der Angst. Du wirst merken, dass du auch vor den anderen Gefühlen wegläufst. Sogar bei schönen Gefühlen – zack – gehst du weg und denkst an gestern. Dich einfach vollkommen den Gefühlen überlassen, dich der Angst überlassen, das bewirkt eine wirkliche Veränderung.

Bei Raucherentwöhnungs-Programmen hat man Folgendes entdeckt: Der Raucher hört erst auf zu rauchen, wenn er begreift, weswegen es ihm überhaupt wichtig ist aufzuhören. Man hat herausgefunden, dass nur ein einziger Grund wirklich tragfähig ist, der dazu führt, dass er nicht wieder nach drei Tagen rückfällig wird. Wirklich tragfähig ist nur die Erkenntnis, dass er sich durch das Rauchen in einer Sklaverei befindet und der Wunsch, diese Sklaverei zu beenden. Das ist der einzige tragfähige Grund mit dem Rauchen aufzuhören. Genauso muss der Wunsch, vor den Gefühlen nicht weglaufen zu wollen, wirklich tragfähig sein. Wenn du dir vorstellen kannst, in diesem Leben aufwachen zu können, wirklich aufzuwachen, Erleuchtung zu finden, glaubst du, dass du aufwachen kannst?

F: *Die Sehnsucht ist tief.*

C: Worauf es ankommt ist, dass du für dich ernsthaft fragst: „Will ich aufwachen?" Wenn du entdeckst, dass dieser Wunsch, diese Sehnsucht in dir stark wird, dann solltest du als zweites die Frage stellen: *Halte ich es überhaupt für möglich?* Nur wenn man die Erwartung an das eigene Leben hat, dass man aufwachen wird, dann richtet sich die ganze Energie des Lebens auf dieses Ziel. Dann bekommt es Kraft und dadurch wird es wahrscheinlich.

F: *Ich habe irgendwie oft das Gefühl, dass ich gar keinen Grund habe, das Leben zu fürchten, dass ich das auch gerne hergeben würde, gerne sterben würde, aber es gibt trotzdem diese Todesangst. Der Wunsch aufzuwachen muss bei mir gar nicht diese Prüfung bestehen.*

C: Dann hast du genug Energie und Motivation, die Todesangst, von der du sprichst, auf dich zukommen zu lassen. Dann bist du bereit zu sagen: „Okay, ich will mich der Angst aussetzen, selbst wenn der Gedanke kommt, ich werde das nicht überleben. Dann soll es mir auch recht sein." Es hat nichts mit der Frage zu tun, ob Angst wirklich existiert oder nicht. In dem Augenblick ist sie sehr wirklich und ihr muss wirklich begegnet werden mit dem ganzen Herzen. Das Herz begegnet der Angst.

Die Angst vor dem Tod ist die Angst vor der Dunkelheit, vor der Bodenlosigkeit, vor dem Alleinsein, vor dem Ausgelöschtsein, vor dieser Leere; das ist die Todesangst. Die Angst vor der Dunkelheit ist nur ein Teil der Todesangst. Erforderlich ist die *Bereitschaft zu sterben*, wenn es dir zugemutet würde, die Bereitschaft zu sagen: „Ja, es darf so sein". *Nicht weil ich sterben will*, sondern weil ich dem zustimme, es akzeptiere und annehme, nicht nur erdulde. Das macht den Unterschied aus. In diesem Augenblick, in dem das Gefühl hochkommt: „Oh, wenn ich noch tiefer gehe, mich noch mehr auf die Angst einlasse, dann gehe ich unter, dann könnte ich ausgelöscht werden", zu sagen: „Dann soll es eben so sein und darf so sein". Wenn man das an dieser Stelle sagt, dann kommt man tiefer und erfährt das Tiefere.

Der Tod ist sowieso gewiss. Normal lebt der Mensch in der Furcht vor dem Sterben. Er hat die Religionen dazu benutzt, die Furcht vor dem Sterben zu erlösen, indem er sich Vorstellungen darüber macht, dass es nach dem Tod noch schöner werde – vielleicht erst richtig schön. Man könnte sagen, die gesamte Kultur baut darauf auf, diese Angst zu umgehen. Was aber dazu führt, dass er sich nicht mit der Angst auseinandersetzt. Und ganz offensichtlich verändert sich das Leben radikal, wenn ich vor dem Tod und der Angst davor nicht mehr weglaufe. Den Tod muss ich sowieso erdulden. Ich kann ja nicht, wenn der Tod auf mich zukommt, sagen: „Ich will heute noch nicht sterben, ich lese lieber das Buch noch zu Ende". Sterben müssen wir sowieso, aber eine Änderung tritt erst dadurch ein, dass ich das, was unausweichlich ist, bejahe. Wenn ich mich für das, was sowieso unausweichlich ist, entscheide, es bejahe und akzeptiere, das macht den Unterschied.

F: *Die Angst, die mich am meisten packt, ist die Angst vor sozialer Ausgrenzung.*

C: Das ist ja nur an der Oberfläche. Das Drama des Menschen besteht darin, dass die tiefen Ängste abgespalten und auf der Oberfläche durch Ängstlichkeiten ersetzt werden. Viele Menschen haben sich mit dem Tod auseinandergesetzt und sind damit einverstanden.

Sie merken aber, dass die Bodenlosigkeit plötzlich wieder Angst macht. Das ist eine Angst, die nicht durch mentale Prozesse erfahrbar ist. Nur, indem ich mich da hinein begebe, in dem ich mich dieser Angst wirklich aussetze, kann ich sie loslassen.

F: *Ich gebe mich zwar hin, aber ein Stück Nicht-Haben-Wollen bleibt. Diese Kleinigkeiten, an denen ich mich festhalte. Sie sind wie Widerhaken. Am liebsten würde ich einen großen Besen nehmen und sie rauskehren, aber das scheint nicht zu funktionieren.*

C: Doch, das funktioniert.

F: *Wie mache ich das?*

C: Diese Widerhaken, weißt du, das ist wie beim Klettverschluss. Wenn der Klettverschluss auf eine glatte Oberfläche trifft, dann passiert gar nichts. Der Klettverschluss braucht die andere Fläche, wo er einhaken kann. Das Einhaken kann nur geschehen, weil du die Angriffsfläche bietest.

Trance / Übung: Sehen ohne zu greifen

Schließe deine Augen. Nimm wahr, wie dein Körper atmet. Dann öffne den Mund und spüre den Unterschied. Nimm wahr, was du während des Einatmens erlebst und erfährst und nimm wahr, was du während des Ausatmens erfährst. In dieser kleinen Pause zwischen den Atemzügen nimm noch genauer wahr, was du an dem Punkt erfährst, wenn der Körper ausgeatmet hat und ansetzt Luft zu holen. Was geschieht, wenn das Ausatmen zur Ruhe kommt, der Körper zur Ruhe kommt und die Pause beginnt? Was erlebst du dabei?

Und dann kannst du noch einmal wahrnehmen, wie deine Gesamtstimmung ist. Ist da ein Gefühl? Ist da etwas, was du erfährst, eine Erfahrung, die sich ausweitet, wie Stille oder

Weite? Kann ich mich tiefer hineinfallen lassen in diese Erfahrung, in dieses Gefühl? Kann ich körperlich, mental und in den Gedanken mehr loslassen? Das körperliche Loslassen geschieht, indem du einen Schritt zurücktrittst. Dann fühlst du, wie der Körper loslässt. Besonders deutlich merkst du, dass das Loslassen beim Ausatmen geschieht.

Gedankliches Loslassen geschieht, indem du den Gedanken, die da sind, keinen Glauben schenkst und sie nicht beachtest. Loslassen geschieht auch, wenn du deine Aufmerksamkeit woanders hinrichtest, nämlich zu dem, was du fühlst und was du erfährst. Das Loslassen der Gefühle geschieht dadurch, dass du dich dem Gefühl, das sich gerade zeigt, öffnest und dich hingibst und nichts dagegen tust. Du kannst wahrnehmen, ob du dich in das, was du gerade fühlst oder erfährst noch ein bisschen mehr hineinfallen lassen kannst. (Pause)

Und wenn du jetzt gleich die Augen öffnest, kannst du bei dem, was du gerade erfährst, bleiben. Du kannst wieder ein bisschen damit experimentieren, kannst die Augen erst kurz öffnen und wahrnehmen, ob deine Aufmerksamkeit innen bleibt. Dann kannst du die Augen länger öffnen. Du wirst bemerken, dass du dadurch, dass du in der inneren Erfahrung bleibst, das Äußere zwar siehst, aber nicht danach greifst. Du öffnest die Augen, und nimmst die Menschen und die Formen wahr, so wie sie sind, ohne etwas damit zu machen. Dann kannst du tiefer und tiefer deine innere Erfahrung wahrnehmen. Und dann nimmst du wahr, dass plötzlich die Menschen, die vor dir sitzen, auch nur Buddhas sind. Einfach deswegen, weil du nichts mit diesen Formen machst, nichts Ich-haftes. Was für eine Erleichterung und was für ein Frieden!

Der Buddha hat viele Formen

F: *Meine Frau ist jetzt eine Buddha, und ich darf sie nicht mehr anfassen?*

C: Wenn du einer Frau oder einem Mann begegnest und nichts mit dieser Form machst, fällt die ganze Geschichte plötzlich weg. Du erlebst die Begegnung, den Kontakt in diesem Augenblick, aber die Geschichte ist weg. Das bedeutet auch, dass alle Vorurteile weg sind, jede Erwartung: „Ach, es ist ja immer so gewesen und wird jetzt auch so sein." Das alles ist weg. Dadurch kann die Begegnung ehrlicher werden, authentischer, direkter und unmittelbarer. Was wird geschehen, wenn du ihr oder ihm begegnest, ohne dass du Gedanken hast?

Was geschieht, wenn du mich jetzt siehst und keine Gedanken hast?

F: *Das ist ganz schön, das fühlt sich ganz warm an. Man denkt erst, da ist nichts, aber dieses «Nichts» ist ein Vibrieren, ist lebendig und Liebe. Trotzdem kann es doch so etwas wie Anziehung geben, oder?*

C: Natürlich. Das hängt auch damit zusammen, dass – obwohl wir alle Buddhas sind – die Form jedes Mal verschieden ist. Da ist ein Garten voller Buddhas und jedes Mal eine andere Form. Nicht nur andere Ohren und andere Nasen, sondern auch ein anderes inneres Leben, auch eine andere Manifestation, ein anderer Ausdruck der Liebe. Du fühlst dich von einer bestimmten Form mehr angezogen als von einer anderen. Das gehört zu dem vielfältigen lebendigen Spiel. Durch das Zusammensein mit einem Menschen vertieft sich die Liebe, wenn man die Gedanken beendet, die Geschichte beendet, und sich immer wieder dem Augenblick hingibt und im Augenblick stirbt.

Das Wahrnehmen von Bildern, Körperempfindungen und die gerichtete innere Aufmerksamkeit

Häufig wird unter Meditation Folgendes verstanden: Ich bin jetzt der Beobachter und alles, was vorbeifliegt oder schwebt, lasse ich jetzt vorbeiziehen. Ich beobachte alles gleichermaßen, egal ob Gefühle oder Gedanken. Ich bin nur der Beobachter von allem. Das ist es nicht! Es ist etwas anderes. Nicht alle inneren Wahrnehmungen sind gleich relevant. Die Körperwahrnehmungen sind weniger bedeutend als die Erfahrung des Gefühls. Die Gedanken und Bilderwahrnehmungen sind sogar so unbedeutend, dass es am besten ist, ich schenke ihnen gar keine Beachtung. Sogar sie vorbeiziehen zu lassen ist schon zu viel Beachtung. Der Berliner sagt gerne: „Noch nicht einmal ignorieren."

Es ist wirklich eine klare Fokussierung auf das, was gefühlt wird, und dann beginnt die Hingabe. Das bedeutet, ich mache nichts mit dem Gefühl, ich gehe nicht dagegen an, ich gehe nicht weg, ich wehre mich nicht gegen das Gefühl, ich lasse es ganz in mir Raum nehmen. Dann bin ich in der Lage, mich immer mehr der inneren Erfahrung hinzugeben, die dann auftaucht.

Alles ist zwar «Eins», aber es ist nicht alles dasselbe. So gibt es zum Beispiel eine ganz grundlegende und wichtige Unterscheidung: Jeder kann sich – wie früher in der Schule – in einen stillen, abwesenden Raum hineinbegeben. In bestimmten Unterrichtsstunden ging es leichter, in anderen hat der Lehrer mehr aufgepasst und zur Ordnung gerufen. Dann gab es auch Fächer, die dich interessiert haben, bei denen du gar nicht auf den Gedanken gekommen bist, abwesend zu sein. Jeder hat gelernt, in einen nicht definierten Raum wegzudriften, in dem er sich wohl fühlt. Manchmal waren es Tagesphantasien: Heute nachmittag gehe ich Fußball spielen, dann schieße ich viele Tore. Und es gibt dieses Hineindriften in einen ruhigen, leeren Raum, in dem ich mich wohl fühle. Ich kann durch ein bisschen Übung und Konzentration diesen leeren Raum sogar noch ein bisschen leerer machen, ich kann das Wohlfühlen sogar noch ein bisschen steigern.

Es gäbe auch einen anderen Weg, um dorthin zu kommen. Ich könnte eine Phantasiereise machen: Ich stelle mir vor, wie ich einen schönen Weg entlang wandere. Ich kann spüren, ob die Sonne scheint oder ob ein Lufthauch weht. Ich wandere weiter und merke, dass da vor mir langsam eine Lichtung auftaucht. Das Gras ist so weich, dass ich mich geradewegs eingeladen fühle,mich hineinzulegen. Ich merke jetzt plötzlich, dass die Sonnenstrahlen meine Haut noch mehr erwärmen, sehe den Bäumen zu und sehe, wie vom Wind einige Blätter und Zweige bewegt werden. Ich merke, wie die Bäume ein wenig verschwimmen, das Blau des Himmels leuchtet, und ich immer ruhiger und entspannter werde. Ich kann den Frieden genießen, der sich weiter ausbreitet...

Jeder kann sich auf diese Weise wohl fühlen. Manchmal ist es nicht so leicht. Aber mit ein bisschen Übung geht es immer besser. Das Dilemma besteht darin, dass das Wohlfühlen in diesem leeren Raum, in den ich mich hineinbewege und in den ich abdriften kann, nichts wert ist. Das wird dir bewusst, sobald du eine Erfahrung von wirklicher Stille und tiefem Frieden gemacht hast. Die Stille mit der unglaublichen, vibrierenden Fülle der Leere, die dich so sehr überwältigt wie dich noch nie im Leben irgendetwas überwältigt und erfasst hat, ist gleichzeitig ein Frieden – grenzenlos und ohne irgendeine Bewegung. Grenzenlos still, so dass weder die kleinste Welle noch das ganze Universum die leiseste Unruhe in diese Stille bringen.

Aus diesem Raum, in den ich mich mit einer Phantasiereise, ein Abdriften oder eine eingeübte Meditationshaltung hineinbewegen kann, finde ich nicht zu der tiefen Stille. Er ist gewissermaßen wie eine Sackgasse. Er ist ein richtiges Nebengleis, auf dem ich der Stille nicht näher komme. Ich kann das intensivieren so viel ich will, ich komme dem Ziel nicht näher. Die wirkliche Stille ist daran gebunden, dass du dich allem öffnest, was in dir gefühlt werden will. Was hast du in der Schule gemacht, wenn du weggedriftet bist? Du bist ausgestiegen aus der aktuellen Situation und aus deinen aktuellen Gefühlen. Du hast alles beiseite geschoben, hast dich von allem dissoziiert – genau das fesselt dich an die Ebene der Form, weil du angespannt bleiben musst, solange du Gefühle beiseitegeschoben hast. Solange du an die Ebene der Form gefesselt bist, ist diese Ruhe nichts wert. Du findest den Weg zur Stille tatsächlich nur dadurch, dass du alle Gefühle, die da sind, einlädst. Es braust auf, es wallt auf, es bewegt dich. Es ist eine innere Reinigung, indem du dich in das Gefühl hineinbegibst und nichts dagegen tust. Dann kommt das nächste Gefühl und du gibst dich ihm hin. Das bedeutet, keinen Widerstand zu leisten und nichts damit tun zu wollen. Dieses Gefühl verbrennt, und dieses Verbrennen ist die Reinigung, die für die innere Stille nötig ist.

Früher gab es die Vorstellung, dass das Ausdrücken der Gefühle und ein möglichst intensiver körperlicher Ausdruck helfen, sich davon zu lösen. Aber das ist langfristig nicht erfolgreich. Das hat sich empirisch gezeigt. Wenn man hingegen das Gefühl in sich toben lässt, dann bleibt die Energie in dir und der Sog in die Tiefe nimmt zu. Das Ausagieren ist nur so etwas wie eine bessere Fangopackung, bei der der Körper sich wohl fühlt und entspannter ist, weil er sich ausgetobt hat.

Man weiß heute mehr als in den siebziger und achtziger Jahren – man weiß sehr viel mehr darüber, welche inneren Schritte, welche innere Bewegung, welches Loslassen gut tut. Wenn auf die oben beschriebene Weise alle Gefühle verbrannt sind, dann wird es still. Es ist keine Stille, die du aufsuchst, keine Stille, in die du hineingehst, keine Stille die du machen kannst, sondern eine Stille, die dich erfasst, die dich in sich hineinzieht.

Woher kommt die Erkenntnis, die Gefühle im Innern zu verbrennen?

Im Indischen gibt es das Wort «Vasanas», ein Wort für gedankliche und gefühlsmäßige Formen, ein Wort für verdrängte unterbewusste Fixierung.

Auch andere Worte zeigen, dass im Indischen die Trennung von Gedanken und Gefühlen nicht so deutlich vorgenommen wird wie bei uns. Es gibt im Englischen das Wort «mind», was aber auch mehr Gedanken und weniger Gefühl beinhaltet – den inneren Zustand gewissermaßen. Ramana hat immer wieder bei der Frage: „Wer bin ich?“, darauf hingewiesen, dass er damit nicht die herkömmliche Methode der Selbstergründung meint. Das herkömmliche Erforschen in Indien beinhaltete die Fragen: „Wer bin ich? Bin ich der Körper? Nein, ich bin nicht der Körper, ich habe einen Körper, und ich kann den Körper wahrnehmen. Weil ich ihn wahrnehmen kann, bin ich nicht der Körper. Bin ich die Gefühle? Nein, ich bin nicht die Gefühle. Die Gefühle kommen und gehen. Ich bin derjenige, der sie wahrnimmt, also bin ich nicht die Gefühle.

Bin ich die Gedanken? Nein, ich bin nicht die Gedanken, die Gedanken kommen und gehen und ziehen durch meinen Kopf, ich kann sie wahrnehmen. Der Wahrnehmende ist nicht das, was wahrgenommen wird. Ich bin nicht die Gedanken.
Bin ich die Geschichte? Nein, ich bin nicht meine Geschichte. Meine Geschichte ist nur eine Zusammensetzung bestimmter Gedanken. Ich bin derjenige, der es beobachtet.“ Das besteht überwiegend aus mentaler Aktivität.

Ramana hat gesagt: Meine Frage: „Wer bin ich?“ hat nichts damit zu tun. Meine Frage: „Wer bin ich?“ bedeutet, die Frage in sich hinein fallen zu lassen, und mit keinem Gedanken und nicht mit dem Intellekt zu beantworten, sondern auf die Erfahrung zu warten, die dann auftaucht. Darin wird deutlich, dass

Ramana den Weg der Erfahrung gelehrt hat. Heute, 50-100 Jahre später, wissen wir mehr über diesen Weg der inneren Erfahrung und seine psychische Struktur. Auch weil das Wissen in den Westen kam, und es war Eli Jaxon-Bear, der diesen Weg Ramanas, den er durch dessen Schüler Poonjaji kennen lernte, mit der ganzen Erfahrung der westlichen Psychologie zusammenbrachte. Inzwischen standen auch die Erfahrungen zur Verfügung, die in der Community in Poona oder Oregon um Osho entstanden und gemacht wurden. Auch sie befassten sich damit, die Gefühle zu bearbeiten. Dort wurden die Gefühle bekanntlich ausgedrückt – entsprechend der damaligen Vorgehensweisen von Körpertherapien und anderen humanistischen Verfahren. Man hatte die Hoffnung, sie damit zu befreien und zu erlösen. Diese Hoffnung hatte sich in Poona nicht erfüllt, und hauptsächlich aus diesem Grunde hat Osho sehr spät geschrieben: „Die meisten Menschen hier haben mich nicht verstanden, aber die, die mich am wenigsten verstanden haben, waren die Therapeuten."

Die jetzige Arbeit mit den Gefühlen geht direkt auf Eli Jaxon-Bear zurück, der die Entdeckung gemacht hat, dass es drei Wege gibt:

Den östlichen Weg der Meditation, bei dem man sich von den Gefühlen dissoziiert und nur noch der Beobachter ist.

Den westlichen Weg, der therapeutische Weg, der darin besteht, die Gefühle auszudrücken oder die Gedanken zu bearbeiten oder zu erforschen. Mental und aktiv werden Gefühle ausgedrückt, um sie zu verarbeiten.

Der dritte Weg liegt dazwischen. Er besteht darin, die Gefühle ganz zu fühlen ohne etwas damit zu machen. Diesen Weg nenne ich den «Weg der inneren Erfahrung».

Es ist ganz offensichtlich, dass Ramana den Weg der inneren Erfahrung gelehrt hat. Aber mit dem heutigen westlichen Wissen über die psychische Struktur, über den Zusammenhang von Gefühlen und Körperempfindungen wissen wir so viel mehr, dass wir den Weg weiter präzisieren konnten.

Es gibt geschichtliche Vorläufer. In der christlichen Mystik finden wir Menschen, die mit den Gefühlen gearbeitet haben, auf dieselbe Art und Weise. Wenn man Johannes Tauler gründlich liest, dann kommt man zu der Auffassung, dass er uns dasselbe gelehrt hat. Er lebte im 14. Jahrhundert und war ein Schüler von Meister Eckhart. Weiter zurückgehend zu den Wüstenvätern findet man, dass Vieles in derselben Klarheit und Richtung vorhanden war.

Partnerübung: „Was erwartest du, wenn du an den Tod denkst?“

Du stellst drei Fragen an deinen Partner:

- Was erwartest du, wenn du an deinen Tod denkst?
- Was macht es mit dir, was für ein Gefühl löst es aus?
- Wie reagierst du auf dieses Gefühl, wie begegnest du diesem Gefühl?

Diese drei Fragen sind sehr gut. Du solltest sie zur Gewohnheit werden lassen, zur ganz selbstverständlichen Gewohnheit. Immer wenn du etwas fühlst, ist es wichtig, wie du darauf reagierst. Bist du offen für das Gefühl? Willst du es weghaben? Engst du dich ein? Willst du mehr davon haben – das ist auch ein Danach-Greifen! Bist du liebevoll gegenüber dem Gefühl, ängstlich, neugierig?

Wenn du die drei Fragen gestellt hast, sagst du: „danke“ und beginnst wieder mit der ersten Frage. Du nimmst dir für den ersten Durchgang 15 Minuten Zeit.

(Nach der Übung und dem Wechsel:)

Jetzt komm mit der letzten Antwort zu Ende. Dann schließe deine Augen. Wenn du gerade die Fragen gestellt hast, nimm wahr, welches Gefühl die Antworten, die du gehört hast, in dir auslösen. Was ist das wichtigste Gefühl, mit dem du auf all das, was du gehört hast und auf den anderen Menschen reagiert hast? Wenn du dir genug Zeit genommen hast, das Gefühl zu fühlen, dann stelle auch die Frage: Wie reagiere ich auf das Gefühl, wie begegne ich ihm?

Wenn du gerade die Antworten gegeben hast, dann sei dir bewusst, welche verschiedenen Gefühle auf die Antworten aufgetaucht sind, vielleicht auch nur ein bestimmtes Gefühl. Dann finde heraus, welches von diesen Gefühlen das wichtigste ist, das dich am stärksten bewegt. Lade es ein, erlaube diesem Gefühl so viel Platz einzunehmen, wie es will, und nimm wahr, was dieses Gefühl mit dir macht und wie du darauf reagierst, wie du diesem Gefühl begegnest. Vielleicht erlebst du, wie du dich tiefer fallen lassen kannst. (Pause)

Du kannst, wenn du jetzt gleich die Augen wieder öffnest, bei dem bleiben, was du gerade innerlich erfährst.

C: Was habt ihr entdeckt? Vor allem, was gab es, was dich überrascht hat?

F: *Für mich war es sehr überraschend, dass ich auf die Frage: „Was erwarte ich in bezug auf meinen Tod" gar nicht mit Angst oder Schrecken reagieren konnte. Da war einfach nur Liebe.*

C: Die Liebe umfasst alles und verändert alles. Aber was hast du noch gefüllt?

F: *Sehnsucht!*

C: Sehnsucht wonach?

F: *Das kann ich gar nicht sagen. Ich spüre sie nur. Es war fast so wie eine Sehnsucht zu sterben, also wie eine Verbindung zum Tod.*

C: Was verbindest du mit dem Tod, wonach sehnst du dich?

F: *Vielleicht hat es etwas mit Ruhe zu tun.*

C: Sehnsucht nach wirklicher Ruhe. Womit verbindest du die Ruhe, nach der du dich sehnst?

F: *Dass sie wirklich Bestand hat.*

C: Der Wunsch nach Ruhe, die von wirklichem Frieden erfüllt ist, ist eine der tiefsten Sehnsüchte des Menschen. Aber warum verbindest du das mit dem körperlichen Tod statt mit dem Leben?

F: *Weiß ich nicht.*

C: Lass die Sehnsucht in dir Raum haben. Lass dich von der Sehnsucht verbrennen. Suche danach, während dieses körperlichen Lebens Ruhe zu finden, die zugleich lebendig ist und den wirklichen Frieden in sich birgt. Dann wachst du auf. Du bist genau Das. Es ist die Sehnsucht nach dem Sterben des Ichs. Dann werden die Ruhe und der Frieden als deine eigene Wesensnatur erfahren. Es ist die Sehnsucht danach, ganz aufzugehen in dieser Unendlichkeit und in diesen Frieden ganz hinein zu verschwinden. Es ist eine Sehnsucht, die definitiv in diesem Leben Erfüllung findet. Über das, was danach kommt, wissen wir nichts.

Nichtakzeptanz als Ursache des Unglücklichseins

F: *Ich hatte eine existentielle Lebenskrise, habe monatelang geheult, immer wieder.*

C: Warum dauert das Gefühl so lange?

F: *Ich weiß, dass das Gefühl so lange dauert, weil ich es nicht akzeptiere. Ich bin wie ein Kind, ich will es nicht akzeptieren. Ich liege schreiend in der Ecke und will es nicht.*

C: Du willst unglücklich sein? Das Nichtakzeptieren dessen, was ist, macht den Menschen unglücklich! Es ruft ein endloses Hadern und Betrauern hervor. Dieses Dagegen-Angehen ruft den Lärm im Kopf hervor: „Wie schön es wäre, wenn es noch so wäre wie damals." Das zieht endlose Kreise im Kopf. Die Ursache liegt darin, den Schmerz, der da ist, nicht annehmen zu wollen. Den Schmerz über den Verlust oder die gescheiterte Hoffnung, diesen Schmerz nicht annehmen zu wollen. Dadurch zieht sich das selbstgeschaffene Leid über Jahre hin.

F: *Warum will ich das eigentlich nicht annehmen, wenn es viel besser wäre, es anzunehmen?*

C: Es ist eine verrückte Idee: Die damaligen Umstände würden mich glücklich machen. Doch die Umstände haben sich geändert, so dass ich jetzt unglücklich sein muss. Dann kommt der Gedanke: Wenn sie doch nur da wären, dann könnte ich wieder glücklich sein! Das ist wirklich eine fixe Idee! Denn äußere Umstände haben Menschen noch nie wirklich glücklich gemacht.

Der Mensch erfährt Schmerz durch einen Verlust. Jemand ist gestorben oder weggegangen. Dann kommt der Schmerz, den man aber nicht haben will. Schon geht man wieder zurück zu den Gedanken und sagt: „Wäre es doch noch wie früher". Dann kommen die Phantasien, die Gedanken und die endlose Wiederholung der Geschichte im Kopf. Das ist eine Quälerei, die kein Ende hat.

Die Aufgabe besteht darin, diesen Schmerz anzunehmen und zu fühlen. Erst dann kommt man durch den Schmerz hindurch in die innere Tiefe. In der Tiefe kann man Glückseligkeit entdecken, ohne dass sich äußerlich irgendetwas verändert hat. Hier findest du Glückseligkeit, die ganz unabhängig davon ist, was in deinem Leben geschieht. Die ist davon nicht berührt. Also, der Weg geht durch den Schmerz hindurch. Das ist der Preis, den man zahlt, wenn man das, was ist, akzeptiert. Wenn du also zum Tode verurteilt werden würdest, und übermorgen stünde die Hinrichtung an, dann wäre die Lösung, das zu akzeptieren. Das, was wirklich nicht änderbar ist, akzeptieren! Das ist der wichtigste Weg zum Glück.

F: *Das finde ich nicht so einfach.*

C: Nicht so leicht meinst du, einfach schon.

F: *Für die Christen lösen sich die Widersprüche im Himmel auf. Wenn jemand sagt, es gibt diesen Zustand, wo sich alles auflöst, schon im Leben, ist das doch auch irgendein Strohhalm, an dem ich mich dann festhalte.*

C: Du kannst dich auf den Weg machen, um selber herauszufinden, ob da etwas dran ist. Nur wenn du es erfährst, kannst du sagen:

„Da ist etwas dran." Für diese Reise hast du keine Garantie. Der Lehrer gibt dir Hinweise, wie diese Reise für dich am besten zu machen ist. Aber ob es das, was er sagt, wirklich gibt oder nicht, kannst du nur selbst erforschen. Du kannst den Hinweisen des Lehrers folgen, es ausprobieren und herausfinden, ob es für dich Resultate erzielt. Nur das nutzt dir. Die Schönheit dieses menschlichen Abenteuers zeigt sich darin, dass es keine Sicherheit für den Erfolg dieser Reise gibt, keine Garantie. Du weißt noch nicht einmal wirklich, wie es sein wird, wenn die Reise erfolgreich ist. Und dennoch machen sich Menschen auf den Weg.

Ohnmacht und Befreiung

F: *Wenn ich Ohnmacht, Verzweiflung und Angst fühle, dann schlägt das ganz schnell in Hass um. Ich komme da einfach nicht raus.*

C: Warum bist du nicht bereit, die Ohnmacht zu akzeptieren? Du merkst, wie entsetzlich die Folgen davon sind. Du denkst, du könntest das Leben kontrollieren, aber du merkst, dass es nicht geht. Also, was macht es so schwer aufzugeben und die Ohnmacht zu akzeptieren? Du kannst das Leben nicht kontrollieren. Niemand hat diese Kontrolle. Was wäre, wenn du dich wirklich dazu durchringen würdest, zu sagen: „Ich sehe es ein, es ist nicht an mir, irgendetwas zu beeinflussen oder zu kontrollieren. Ich habe nichts wirklich in der Hand." Dann kannst du entdecken, was geschieht.

F: *Ich komme in einen inneren Raum, den zu beschreiben die Sprache nicht taugt.*

C: Was kannst du über diesen Raum sagen?

F: *Es ist völlig leer.*

C: Ja, das reicht, es ist eine klare Beschreibung. Es reicht, wenn du sagst: Es ist völlig leer. «Leerheit» ist eine Bezeichnung für die grundlegendste Erfahrung. Du brauchst keine zusätzlichen Worte, um Leere zu benennen. Mit der Zeit entdeckst du, dass die Leere manchmal majestätisch ist, manchmal ganz leer ist, manchmal ist die Leere voller Freude, manchmal ist sie sehr süß und manchmal steht der unendliche Frieden der Leere im Vordergrund.

F: *Da blieb am Ende die klare Idee vom Tod als totaler Befreiung.*

C: Niemand hat eine Vorstellung über den Tod. Die größte Herausforderung besteht darin, den Tod jetzt schon innerlich zu erleben. Am Tag X bleibt mir gar nichts anderes übrig. Aber du kannst dich schon jetzt innerlich der Gewissheit des Todes stellen und dann über den Tod hinauswachsen. Mit heiterer Gelassenheit begegnest du dann dem Leben und Sterben. Du musst bereit sein, den Tod zu akzeptieren, auch wenn er den nächsten Augenblick auf dich zukäme. Wenn alles plötzlich in Flammen aufginge und wir innerhalb von zwei Minuten umkämen, wenn es so sein soll, dann wäre auch das in Ordnung! Wer sind wir, dass wir es anders haben wollen?

F: *Ich habe die Idee, ich sitze mal auf der rechten Seite und mal auf der linken Seite, mal in der Stille, dann wieder vollständig mit dem Lärm identifiziert.*

C: Ich verstehe, dass es sich wie zwei Seiten anfühlt. In Wirklichkeit ist es jedoch so: Nur eine Seite ist wirklich, weil sie sich nicht verändert, weder anfängt noch aufhört. Die andere Seite, die Welt der Formen, ist wie der Regenbogen – sie kommt und geht. Insofern sind es nicht zwei Seiten, sondern die Form ist das, was sich auf der Oberfläche abspielt. Sie kommt und geht, mal ganz wild und dann wieder ruhiger.

Dann ist da die Stille, die Leere, die majestätische Leere, die friedliche Leere, die leere Leere, die freudvolle Leere, die vibrierende Leere, die Wirklichkeit, die sich nicht verändert und weggeht und in die du dich fallen lassen kannst. (Stille)

F: *Ich fand es sehr hilfreich, dass wir diesen Dreier-Schritt gemacht haben, weil ich dann gemerkt habe, wie subtil die inneren Vorgänge sind.*

C: Es ist gut, sich die drei Schritte zur Gewohnheit werden zu lassen – immer wenn du wahrnimmst, was du gerade fühlst, gleichzeitig wahrzunehmen, wie du darauf reagierst und diesem Gefühl begegnest. Gerade für jemanden mit einer mentalen Fixierung ist es besonders schwer, die Bedeutung der Gedanken aufzugeben. Die Idee, dass ich die Welt mit den Gedanken verstehen, beherrschen und kontrollieren könnte, ist so mächtig, dass das Ich sehr zurücktreten muss, um sich von dieser Idee verabschieden zu können.

Der innere Lehrer

Trau nur dem inneren Lehrer, der mit wenigen Worten und ohne Schuldzuweisung auskommt. Die Wahrheit ist immer einfach. Dem inneren Lehrer, der komplizierte Dinge erzählt, dem trau nicht. Wenn er sagt: „Das hast du jetzt ganz blöd gemacht oder das hast du jetzt ganz gut gemacht", dann weißt du, das ist nicht der innere Lehrer, der tut nur so. Da ist das Ich, das sich maskiert hat.

F: *Bei mir war eine tiefe Traurigkeit da und das Gefühl, das ganze Leben verschwendet und verpasst zu haben.*

C: Wann wärst du dir sicher, das Leben nicht verschwendet und verpasst zu haben?

F: *Wenn ich wirklich geliebt habe.*

C: Gut, und wann wirst du wirklich geliebt haben? Wenn du aufgewacht bist. Also wache erst auf, und dann kümmere dich um alles Weitere. Was hindert dich am Aufwachen?

F: *Ich glaube, es ist wie ein Verbot: Ich darf es nicht.*

C: Du darfst nicht? Wieso? Das ist eine fixe Idee. Lass sie los! Du darfst! Du darfst aufwachen, jeder und jede darf es! Wache jetzt auf! Lass mehr los, alles, woran du dich jetzt noch festhältst, lass los! Es gibt nichts, was dich wirklich festhalten kann, gar nichts. Es gibt das Nichts, das dich zieht und zieht und dem du dich nur zu überlassen brauchst.

Wenn du das vollständige Nichts ganz akzeptierst, das ist eine große Erleichterung. Vorher findet immer ein Kampf statt, es wird dem Nichts entgegen gehalten: „Ich bin doch etwas. Ich muss mich doch dafür einsetzen, dass ich etwas bleibe. Ich muss doch etwas dafür tun, dass ich weiterhin da bin." Das ist eine entsetzliche Verkrampfung, eine Anstrengung, die ja zum Scheitern verurteilt ist, und von der du halb bewusst weißt, dass sie zum Scheitern verurteilt ist. Die Leere bleibt, aber nicht dieser Jemand. Es ist erleichternd, dieses Nichts zu akzeptieren und in dieses Nichts einzugehen. Nichts bleibt. Kein Ich und kein wissendes Ich. Wenn du dich dem Nicht-Wissen aussetzt, dann öffnest du dich wirklich der Erfahrung des Augenblicks, ohne Erwartung, ohne Plan und ohne Urteil.

F: *Das ist erstaunlich, man hat soviel gehört über das Leben nach dem Tod und über Karma und was weiß ich was. Wenn man dann eben mit diesem Gefühl konfrontiert ist, dann ist das etwas ganz anderes.*

C: Das ist etwas ganz anderes, genau. Das ist etwas ganz anderes als alle mentalen Vorstellungen über das Karma, über das Bardo, über die Wiedergeburt und alles Mögliche. Es ist etwas ganz anderes und hat eine ganz andere Wirkung. Es fängt an mit der Erleichterung.

F: *Ich hatte früher schon einmal Todessehnsucht, wirkliche Todessehnsucht, ich wollte einfach sterben, aber aus reiner Verzweiflung. Es war eine tiefe Depression.*

C: Diese Sehnsucht richtete sich darauf, dass alles zu Ende ist, weil das Elend unerträglich erscheint. Sie richtete sich nicht wirklich darauf tot zu sein, sondern darauf, dass das Leid zu Ende geht. Das ist in Wirklichkeit keine Todessehnsucht, sondern die Sehnsucht nach Frieden und dem Ende des Leides.

F: *Ich möchte mich öffnen, aber nur manchmal gelingt es mir. Heute nicht.*

C: Wenn du dich öffnest für alles, was kommt, darf dann alles geschehen?

F: *Heute nicht.*

C: Nächste Woche? Was muss zwischendurch noch geschehen?

F: *Ich spüre nur ein Beben, ein «Hoppla, was kommt auf mich zu?».*

C: Setze dich dem aus! Setze dich dem Beben aus, und setze dich der Frage aus ohne zu wissen, dass es auf diese Frage «Hoppla, was kommt da?» niemals eine Antwort geben wird, niemals. In München gibt es eine Kneipe, da hängt ein Schild: „Morgen gibt's Freibier". Kommst du morgen hin, hängt da wieder das Schild: Morgen gibt's Freibier. So ist es mit der Frage «Hoppla, was kommt da!» Die findet nie eine Antwort.

F: *Jetzt ist es ein schönes Gefühl, in Freiheit darauf zuzugehen.*

C: Genau, das ist es, womit es anfängt und was das Faszinierende daran ist. Der Lohn kommt schon sofort, indem man sich entschließt, in Freiheit und Offenheit das zu erforschen, was ist und sich auf den Weg nach der Wahrheit zu machen. Die Erleichterung ist sofort spürbar und auch der Frieden, der damit einhergeht.

Begleitung eines Sterbenden

F: *Wenn ich einen Sterbenden begleite und mir kommen tausend Gedanken in den Kopf, ist es dann nicht gut, auf meinen Körper zu hören?*

C: Der Weg über den Körper ist vor allem für mental fixierte Menschen ganz wesentlich. Man darf nur nicht auf der Körperebene hängen bleiben. Viele Körperempfindungen sind nicht Teil des Gefühls, sondern sind Reaktionen auf das Gefühl. Wenn du Angst fühlst, spürst du die Enge, aber die Enge ist nicht die Angst, sie ist die Reaktion auf die Angst. Diese Unterscheidung ist ganz wichtig. Auch der Druck im Bauch, die Wut begleitend – man sagt ja gerne, jemand hat «Wut im Bauch» – dieser Druck ist nicht die Wut, sondern das Festhalten der Wut. Du kannst leicht in den Körper kommen, wenn du zwei oder dreimal mit einem Seufzer ausatmest, den Atem und die innere Bewegtheit des Körpers wahrnimmst. Von da aus kannst du die Frage: „Was fühle ich jetzt? Wie ist meine Stimmung jetzt?“, leichter beantworten.

F: *Meine Mutter ist vor zwei Wochen gestorben. Ich saß in der letzten Nacht bei ihr. Ich fragte mich: Wo ist sie jetzt mit ihrem Bewusstsein? Was ich gespürt habe, das war Liebe.*

C: Diese Liebe ist mit der Erfahrung der Leere des Bewusstseins verbunden. Der Tod ist ein Geschenk für die Überlebenden, wenn sie sich auf all das, was da auftaucht und hochkommt, nur tief genug einlassen.

F: *Für mich war das ein Geschenk von tiefen Gefühlen. Ich bin so tief wie noch nie mit meiner eigenen Hilflosigkeit und Ohnmacht konfrontiert gewesen, aber ich habe mich zum ersten Mal nicht mehr dagegen gewehrt.*

C: Das Akzeptieren der Hilflosigkeit ist sozusagen das erste Eingangstor für die Transformation. Der Mensch wurde immer begeisterter über die Möglichkeiten, Kontrolle über den Bereich des materiellen Lebens zu gewinnen. In der Menschheitsgeschichte begann dies vor allem in der Renaissance, die vielleicht den wichtigsten Einschnitt und auch Bruch in der Geschichte darstellt, seit wir aus den Höhlen gekommen sind und Städte gegründet haben. Sie veränderte die Einstellung des Menschen zu sich selbst und zur materiellen Welt – der Natur und der von Menschen geschaffenen – ganz und gar grundlegend. Ein symptomatisches Beispiel dafür ist die Tatsache, dass vor der Renaissance kein Künstler auf die Idee gekommen wäre, ein Kunstwerk mit seinem Namen zu signieren.

Die Begeisterung für die wachsende Fähigkeit, Kontrolle über Bereiche des materiellen Lebens auszuüben, hat den Menschen benebelt und überheblich gemacht und den Blick dafür verschlossen, dass alle wesentlichen Determinanten des Lebens absolut unkontrollierbar sind und immer bleiben werden. Die Haltung des Kontrollierens hat sich in der menschlichen Psyche tief eingegraben und wird individuell konditioniert. Die Bewegung zum Aufwachen beginnt mit der Aufgabe der Illusion der Kontrolle. Je vollständiger du durch die Ohnmacht und die Hilflosigkeit gegangen bist, desto leichter kann das Ich sich auflösen. Das vollständige Akzeptieren der Hilflosigkeit lässt die Illusion des Ichs verschwinden.

Körperübung

Tönen

Geh mit deiner Aufmerksamkeit durch deinen Körper, indem du in den Füßen beginnst und lass die Aufmerksamkeit wie eine Welle durch den Körper nach oben gehen. Atme am besten durch den geöffneten Mund, dann kann der Körper leichter den Atem verändern...(Pause). Nimm wahr, wie der ganze Oberkörper vom Atem bewegt wird, auch der Rücken und die Seiten...(Pause)...dann nimm deine Stimmung wahr, was du fühlst oder erfährst...ist da Ruhe oder Unruhe...oder ein bestimmtes Gefühl oder eine tiefere Erfahrung? Lass dich in dieses Gefühl oder in diese Erfahrung ganz hinein sinken, so dass du ganz zu dieser Erfahrung wirst. Dann lass einen Ton entstehen, der dich das Gefühl noch intensiver erfahren lässt. Achte darauf, dass du den Ton nicht zu lang machst, weil du dann leicht vom Gefühl wegkommst. Man kann sich im Ton verlieren, so dass man den Kontakt zum Gefühl verliert. Der Ton begleitet das Ausatmen. Er hilft dir, die Anspannung loszulassen, und gleichzeitig das Gefühl noch intensiver zu erfahren. Lass den Ton mehr von alleine geschehen, als dass du ihn machst...wenn der Körper eine Bewegung machen will, dann lass die Bewegung zu. Achte auch dabei darauf, dass du nicht die Bewegung machst, sondern dass du den Körper die Bewegung machen lässt, die von innen heraus entsteht.

(Übung für 15 oder auch 30 Minuten)

Jetzt lass den Ton langsam ausklingen und höre dem inneren Ton zu. Dem inneren Ton und der inneren Bewegung, der Energie, die jetzt vielleicht stärker spürbar ist. Wenn du in das hinein schmilzt, was du fühlst, dann verschwinden die Gedanken. Wenn du dem, was du fühlst, keinen Widerstand entgegenhältst, dann verschwindet das Ich. Das Ich entsteht nur aus dem: «Ich will dies, ich will das», oder «ich will dies nicht und jenes nicht». Wenn du dich aber ganz in das Gefühl hinein sinken lässt, dann hat der Körper und die Seele die Chance, der ganzen Energie des Gefühls Raum zu geben. Dann verbrennt das Gefühl, und du entdeckst, dass darunter Frieden und Stille ist...

Manchmal ist dir bewusst, dass du die Möglichkeit hast zu wählen wohin du deine Aufmerksamkeit richtest: Ob du sie auf die Gedanken richtest oder ob du sie auf die innere Erfahrung richtest. (Pause)

Wenn du gleich die Augen öffnest, brauchst du von dem, was du jetzt erfährst, nicht wegzugehen. Du kannst dich sogar in das, was du jetzt erfährst, noch tiefer hinein sinken lassen...

Den Frieden findest du unter den Gefühlen und nicht, wenn du sie nur beiseite geschoben hast. Dann nämlich kann sich der Körper nicht entspannen, und der Verstand kann nicht leer werden. Wenn du die Gefühle beiseite schiebst, dann gibt es immer noch das Ich, selbst wenn du die Gefühle gar nicht mehr wahrnimmst. Dieses Ich ist dann immer noch damit beschäftigt, etwas zu tun und die Gefühle beiseite zu schieben.

Es geht um die Haltung der Hingabe und dieser Hingabe keinen Widerstand zu leisten. Nur mit dieser Haltung kommst du der Wahrheit näher.

C: Was habt ihr entdeckt?

F: *Ich war sehr erschüttert und meine Töne waren fast wie Hilfeschreie, als wenn ich plötzlich abstürze.*

C: Und was geschieht, wenn du innerlich abstürzt? Was erlebst du da?

F: *Verzweiflung. Wenn ich nicht mehr festhalte, fühlt sich das an wie in einem Fahrstuhl, der plötzlich runtersaust.*

C: Wenn du dich in die Tiefe fallen lässt, wodurch hört es auf? An welcher Stelle? Viele erleben es auch so, als ob sie durch eine Enge hindurch fallen. Wo hört das innere Fallen auf?

F: *Es endet in der Stille, in der Leere, es löst sich auf, so habe ich es erlebt.*

C: Es ist still und leer. Was würde passieren, wenn du dich noch tiefer fallen lassen würdest? Darum geht es. Das Fallen kann auch aufhören, weil Angst da ist, ohne dass du sie wahrnimmst. Wenn du dann tiefer gehst, dann fühlst du die Angst, und du bleibst trotzdem da.

Ich habe in der Arbeit mit Menschen, die sagen: „Ich lasse mich fallen“, immer wieder erlebt, dass das Fallen an einem bestimmten Punkt aufhört. Dann nehmen sie nichts wahr. Erst wenn sie sich ganz bewusst noch tiefer fallen lassen, dann wird die Angst bewusst. Es geht darum, noch tiefer zu gehen. Lade die Angst ein, dich ganz tief fallen zu lassen. Das ist die Angst vor dem Sterben. Die Angst vor dem Sterben ist nicht die Angst vor dem Tag X. Darüber wissen wir viel zu wenig. Viele Menschen sagen: „Ich habe keine Angst vor dem Tod, weil der Tag X mir nichts sagt oder weil ich einverstanden bin mit diesem Tag

X", aber das ist nicht das Problem. Die Herausforderung besteht darin, sich in diese Bodenlosigkeit hinein zu begeben, in der unmittelbar die Angst auftaucht, ausgelöscht zu werden, Nichts zu sein. Um diese Angst geht es: Die Angst vor der Nichtexistenz, dem Verschwinden, vor dem Aufgelöst-sein in der Leere und des vollkommenen Alleinseins.

Übung: Sich mit dem Tod konfrontieren

Schließ deine Augen. Stell dir vor, du bist irgendwo im Wald und es hat dich eine Schlange gebissen. Du weißt, dass du in einer halben Stunde sterben wirst, weil es für dieses Gift kein Gegengift gibt. Nimm wahr, welche Gefühle in dieser Situation auftauchen. Nimm wahr, was sonst mit dir geschieht und was es mit dir macht. (Pause)

Stell dir zum Schluss vor, dass du für deinen Grabstein einen Satz finden musst, der der Wahrheit entspricht. (Pause)

Komme langsam wieder zurück und öffne in deiner Zeit die Augen.

C: Welche Gefühle tauchten auf?

F: *Ich sah mich da im Wald sitzen, ganz alleine mit dem Schlangenbiss. Als erstes musste ich lachen über den Wahnsinn, den ich mein ganzes Leben lang veranstaltet habe, über diese ganze Anstrengung, über mein Bemühen, etwas darzustellen, irgendetwas zu sein und immer wieder dieses «streng dich an». Mein Leben – das wusste ich –, alles würde mit einem Schlag aufhören. Das war erst mal sehr erleichternd. Mein ganzes Leben erschien mir wie eine Komödie. Das Leben erschien wie im Rückblick. Ich habe mich als Hampelmann gesehen. Dass das ein Ende hatte, darüber war ich sehr froh. Dann kam natürlich Angst, Angst, wie das werden soll. Es ist niemand da, ich bin jetzt ganz allein, sitze da und werde sterben. Da wurde mir klar, dass ich gar keine Chance habe, mich zu wehren, so oder so! Dann änderte sich das in Hingabe, und es war ganz friedlich. Ich saß einfach nur da und habe mich dem hingegeben, was mit mir geschah. Es war sehr friedlich, und es fühlte sich sehr befreiend an.*

F: *Bei mir löst das Thema Tod ganz unangenehme und ganz schwer erträgliche Empfindungen aus: Innere Kälte und Gleichgültigkeit. Es ging mir gestern schon den ganzen Tag genauso wie eben bei der Übung. Es war öde und grau.*

C: Hast du eine Ahnung, was unter diesem Grau und dieser Öde für ein Gefühl sein könnte?

F: *Ja, ich nehme an Schmerz und Verzweiflung. Aber das habe ich nicht gefühlt.*

C: Was geschieht, wenn du dich auf das Öde und das Grau ganz einlässt?

F: *Dann spüre ich Aufregung und Angst.*

C: Noch tiefer, noch vollständiger! Die Aufregung und Angst ist die Aufregung davor, was passiert, aber es ist noch nicht das, was passiert.

F: *Da ist nichts, ein unangenehmes Nichts.*

C: Auf welche Weise unangenehm? Was passiert in diesem Nichts?

F: *Ich fühle Schmerz und Verzweiflung.*

C: Wenn du dich dem ganz überlässt und dich dem ganz hingibst?

F: *Dann wird es ruhiger.*

C: Was erfährst du dabei?

F: *Dann ist da so etwas wie Frieden. Da ist der Frieden und gleichzeitig noch die Öde, diese Leere.*

C: Gibt es neben dem Frieden noch eine andere Erfahrung?

F: *Es ist weit.*

C: Ja, lass dich ganz auf diese Weite ein.

F: *In dieser Weite ist das alles enthalten.*

C: Achte darauf, dass du vollständig in der Erfahrung bleibst. Lass dich ganz fallen – alles loslassen.

F: *Da ist wieder Angst.*

C: Fühl die Angst, sie ist nur ein kurzes Zwischenspiel. Es geht immer tiefer und immer tiefer. Und immer wieder begegnet dir die Angst vor dem noch Tieferen. Fühl die Angst – kein Widerstand –, nur noch tiefer fallen lassen. Was erfährst du jetzt?

F: *So etwas wie eine Grenze.*

C: Die Grenze besteht nur aus Gedanken. Was ist jenseits der Grenze?

F: *(Weinen)*

C: Lass den ganzen Schmerz zu, der Schmerz weicht dich auf, er lässt dich schmelzen. Dieser Schmerz kann verbrennen, und das wird dich wieder tiefer führen. Was erfährst du jetzt?

F: *Ich weiß nicht, ich habe das Gefühl, ich komme nicht tiefer.*

C: Das ist ein Gedanke, was fühlst du denn jetzt?

F: *Angst.*

C: Fühl die Angst, dann wird dich die Angst tiefer führen. Dass du dich nicht tiefer fallen lassen kannst, ist nur ein Gedanke. Ein Gedanke, der vom Wunsch nach Sicherheit bestimmt ist. Aber du merkst, das ist ein sehr produktiver Prozess, in dem sich Gefühle ablösen und Weite auftaucht. Und immer wieder Angst, weil es plötzlich noch tiefer geht. Dann wieder ein Schmerz, der sich löst.

C: Was erfährst du jetzt?

F: *Da ist nichts.*

C: Gut. Wie ist dieses Nichts, wenn du dich auf dieses Nichts ganz einlässt?

F: *Das ist friedlich.*

C: Gut, lass dich auf das ein, was gerade da ist. Wenn du dich auf das einlässt, was gerade da ist, dann kannst du nicht in die falsche Richtung laufen. Es ist nur der Kopf, der sagt: „Das ist jetzt nicht tief genug, jetzt müsstest du woanders sein". Dieses Abenteuer, die innere Tiefe zu erforschen, ist nicht vorhersagbar. Wir haben nur einen groben Fahrplan. Einen ganz groben Fahrplan. Das Abenteuer selbst besteht darin, das zu fühlen, was gerade ist, zu erleben, wie sich die Gefühle ablösen. Auch wenn Geschichten auftauchen, immer wieder in der Erfahrung bleiben und sich auf das einlassen, was gerade ist. Mehr brauchen wir nicht zu tun. Dann kommt zwischendurch der Gedanke: «Jetzt wird es mir zu viel!» Ja, aber das ist nur ein Gedanke. Für wen wird es zu viel, und was ist denn eigentlich zu viel? Dann kommt ein Gedanke: „Das kann ich nicht ertragen, das überwältigt mich!" Dann merkt man, das sind nur Gedanken eines Kopfes, der gewissermaßen viel zu träge ist, um sich auf neue Situationen einstellen zu können. Der Kopf ist so träge, weil er so voll ist von Gedanken und Erwartungen, die er seit tausenden von Jahren mit sich herumschleppt, die er einfach nicht ändern mag. Darum lohnt es sich nicht, auf neue Gedanken zu warten, sondern nur der Erfahrung zu folgen.

Die Ziele des Lebens entdecken

F: *Bei der Vorstellung, in der nächsten halben Stunde zu sterben, kam: „Ich will nicht!" wie ein Aufbäumen und Kämpfen. „Ich habe noch gar nicht gelebt, das geht nicht!" So wie wenn ich ganz laut schreien möchte: „Nein!" Fast schon wie ein Schreianfall: „Nein, ich will nicht!"*

C: Gut, wofür willst du weiterleben?

F: *Da kam nachher ein Satz, den habe ich neulich mal gehört: «Liebet einander, liebet einander». Aber ich habe es nicht getan. Ich habe das Gefühl, ich kann jetzt nicht sterben, ich habe gar nichts gemacht. Es ist so, wie wenn ich versagt hätte...ich müsste irgendetwas ändern!*

C: Die Veränderung fängt an, wenn du dir bewusst wirst, wofür du eigentlich leben willst. Das ist wirklich der Anfang. Wenn einem das deutlich geworden ist, wenn man eine Entscheidung getroffen hat, dann richtet sich das Leben plötzlich aus. Diese vielen Fäden, die vorher wirr durcheinander gelaufen sind, bekommen plötzlich eine Richtung. Die einzelnen Erfahrungen, die bisher so bruchstückhaft nebeneinander lagen, kommen plötzlich zusammen, wenn man weiß, wofür man leben will. Wenn man weiß, was wichtig ist im Leben und sich dafür entschieden hat.

Von Einstein stammt dieser Satz: «Wenn du glücklich sein willst, dann verbinde dein Leben mit einem Ziel». Es scheint wirklich so zu sein, dass die Menschen glücklicher sind, die ein Ziel an die oberste Stelle gesetzt haben. Glücklicher als diejenigen, die gar nicht wissen, was ihnen wirklich wichtig ist. Aber darüber hinaus spricht einiges dafür, dass das Glücklichsein noch mal zunimmt, wenn man das Ziel im Leben verfolgt, wirklich die Wahrheit zu entdecken und aufzuwachen. Sicher gibt es noch andere Ziele, die Freude machen, aber es kommt darauf an, was an die erste Stelle rückt. Wenn du dich noch nicht für das Aufwachen entscheiden kannst, dann nimm etwas anderes, etwas, was dir wirklich wichtig ist. Was dir so wichtig ist, dass du bereit bist, dein Leben dafür einzusetzen.

F: *Und wenn ich mich nicht entscheide?*

C: Dann läuft dein Leben mal so, mal so, dann dümpelt es in die verschiedenen Richtungen. Selbst wenn dir gar kein Ziel bewusst ist, kommen ja noch all die unterbewussten Ziele, aus dem Karma, aus der Konditionierung, aus dem Körper und der Charakterfixierung mit ins Spiel: Sicherheit zu haben, Anerkennung zu bekommen oder irgendwie gut da zu stehen oder der Wunsch die Kontrolle zu behalten. Viele Menschen wollen nur so etwas wie Schadensbegrenzung. Die meisten Menschen verwenden neunzig mal mehr Energie darauf, etwas abzuwehren als dafür, sich für etwas einzusetzen. Alles läuft dann so weiter. Der Mensch ist schon zufrieden, wenn es nicht gar so schlimm zugeht. Das alles ändert sich, wenn ich meinem Leben ein bewusstes Ziel gebe. Es kommt darauf an zu untersuchen: Welche Ziele habe ich denn überhaupt in meinem Leben? Da sind die bewussten, die ich mir vorstelle. Aber was ist mit den halb- und unterbewussten Zielen? Der Mutter zu gefallen oder von ihr endlich doch noch Wiedergutmachung zu bekommen. Es gilt, auch diese unbewussten Ziele zu erforschen. Was sind das eigentlich für Ziele, die mich umtreiben, die mein Leben bestimmen?

F: *Was würdest du einem jungen Menschen empfehlen, der genau in dieser Krise steckt? Dass er sich einfach nicht entscheiden kann und dadurch nicht die Kurve kriegt.*

C: Er sollte als erstes erforschen, welche Ziele sein Leben bestimmen.

F: *Der erforscht und erforscht und macht sich ganz unglücklich dabei.*

C: Nein, ich fürchte, dass er das nicht tut. Er grübelt und grübelt und was er erforscht, sind ausschließlich seine Gedanken.

F: *Ja.*

C: Er erforscht nicht die Gefühle, die damit verbunden sind. Und er erforscht nicht die darunter liegenden Intentionen, Absichten, Ziele, Befürchtungen und Wünsche. Wenn jemand sagt: „Ich weiß nicht, ob ich Architekt werden soll oder Deutschlehrer", dann sind darunter die Ziele, die ihn viel mehr bestimmen. Dann könnte er sich fragen: „Was soll mir das geben? Was möchte ich damit erreichen?" Es kommt darauf an, das zu erforschen, was darunter ist: vielleicht Bestätigung und Anerkennung zu bekommen, Bedeutung zu haben, Sicherheit im Leben zu haben. Diese Ziele, die darunter liegen, müssen erst erforscht werden, bevor es in eine sinnvolle Richtung gehen kann. Wenn du das alles erforschst, einschließlich der Gefühle, die damit verbunden sind, dann wirst du stiller. Wenn du stiller wirst, dann werden solche Entscheidungen auf einer anderen Ebene getroffen. Das wäre ihm zu empfehlen. Das andere ist zu oberflächlich und die hunderte Gedanken zu der Entscheidung sind alle noch ausgedacht, unsicher, auf die Zukunft projiziert, über die wir nichts wissen können. Der Kopf malt es sich aus und er hat gar keinen Grund, von dem aus eine Entscheidung getroffen wird. Er muss gewissermaßen von hier oben (Kopf) erst mal hierhin (Herz), um überhaupt entscheidungsfähig zu sein. Um hierhin (Herz) zu kommen, hilft es auch zu erforschen, was es sonst für Ziele sind: berühmt zu werden, Bedeutung zu haben, Sicherheit und Anerkennung zu bekommen, Mama und Papa zu gefallen, all das. Diesen Zielen muss er auf den Grund gehen.

Die Angst vor der Auflösung

F: *Bei mir tauchte eine Angst auf und ich wusste nicht, was ich machen sollte. Ich habe dann einfach meine Augen aufgemacht.*

C: Gut, du bist weggegangen. Dem Weggehen lag ein Gedanke zu Grunde, der Gedanke: wenn ich mich jetzt der Angst aussetze, die da hoch kommt, dann...

F: *...dann löse ich mich auf, verschwinde, komme nie wieder, was weiß ich...ja, es war die Angst, mich aufzulösen.*

C: Da kam der Gedanke, wenn ich mich weiter darauf einlasse, dann löse ich mich auf, dann verschwinde ich, dann lösche ich mich aus. Gut, und was antwortest du darauf?

F: *Ich würde dann gar nichts sagen, vielleicht.*

C: Gar nichts? Was wäre, wenn du sagen würdest: „Ich will es nicht mehr in der Hand haben. Wenn ich mich jetzt auf die Angst einlasse und das zur Folge hat, dass ich mich auflöse, mich auslösche, dann darf das so sein." Das ist die wirkliche Hingabe. Der innere Prozess ist tatsächlich so, wenn man nur da oben (Kopf) ist, dann kommt man nicht in diese gefährliche Region, aber wenn man sich so tief einlässt, dann kommt man immer wieder in diese Entscheidungssituation: Will ich an meinem Leben festhalten oder bin ich bereit zu akzeptieren, dass ich mich auflöse oder ausgelöscht werde. Das ist die spannendste, die wichtigste Stelle in diesem ganzen inneren Prozess. Der zentrale Punkt. Dann findet dieser Satz, dieser kurze und grundlegende Satz Raum: «Nicht mein Wille, sondern dein Wille geschehe». Diese Hingabe, die ist der Schritt zum Aufwachen. Eigentlich ist das alles, worum es sich dreht.

F: *Es wäre so schön, wenn die Angst davor nicht wäre.*

C: Die Angst gehört dazu, die Begegnung mit der Angst ist der zentrale Schritt der Transformation. «Ich stimme dem zu, obwohl ich eine Heidenangst habe» – das macht den spirituellen Weg aus! Nicht endlose Stunden im Lotussitz zu sitzen, sondern den

Mut zu haben, an diesen Punkt zu kommen und dann darum zu ringen. Durch diese innere Entscheidung zu relativer Hingabe zu finden, das macht Veränderung aus, nichts sonst. Diese Hingabe, der Satz: „Nicht mein Wille, sondern dein Wille geschehe", das ist sozusagen der Schmelztiegel, in dem das Ich verschwindet und in dem etwas Neues entstehen kann.

F: *Die Vorstellung, dass ich sterbe und mich darauf vorbereite, das geht gut, und da ist die Angst auch nicht so riesengroß. Doch gestern, als wir in Stille saßen, da fühlte ich mich am Rande des Abgrunds stehen vor der Bodenlosigkeit. Es ist mir nicht gelungen, mich dem hinzugeben. Das hat mir viel mehr Angst gemacht, als mir vorzustellen, dass ich sterbe.*

C: Bei den Menschen sind die Gedankenwelt und die Erfahrungswelt ziemlich früh auseinander gedriftet, so dass jetzt die Vorstellung des Todes mental geschehen kann, ganz abgekoppelt von der Erfahrungswelt der Gefühle. Wenn jemand dann nur im Kopf ist, dann fällt es oft leicht zu sagen: «Ich habe keine Angst vor dem Tod». In der Stille geschieht Erfahrung. Dies ist wahrscheinlich die wichtigste existentielle Erfahrung, am Abgrund und der Bodenlosigkeit zu stehen. Es ist gut, dass du direkt diesen Rand wahrnimmst. Da findet das Abenteuer des eigenen Lebens statt: «Habe ich Mut?» «Trau ich mich?» «Will ich?» «Wie stark will ich?» «Wie entwickelt sich dieser Mut?» Das ist das Abenteuer, aufregender, als wenn du eine Safari in Afrika buchst.

F: *Ich merke dann auch, wie mein Körper ganz heftig anfängt zu reagieren.*

C: Und du stehst dann da und sagst: „Lass den Körper machen, was er will, ich will da nicht eingreifen und die Kontrolle behalten." Dann löst der Körper von alleine die Verspannungen, die Blockierungen.

F: *Ich hatte gestern zwei seltsame Erlebnisse. Das erste war während dieser Stille-Übung. Da habe ich es mir im Laufe der Zeit, als ich merkte, es passiert nichts, immer bequemer gemacht und bin dann ein bisschen meditativ weggedämmert. Irgendwann tat es einen Schlag. Ich hatte das*

Gefühl, ich falle zwei Meter tiefer, und es verändert sich. Dann habe ich einen Schreck bekommen, die Reaktion ging so schnell. Ich kann jetzt gar nicht mehr überlegen, ob ich den Kelch an mir vorübergehen lassen wollte – der geht einfach an mir vorüber, das geht «zack».

C: Vielleicht liegt es daran, dass es für dich neu ist. Wenn du mehr Erfahrung damit hast, dann wirst du viel mehr Zeit haben, in diesem Fallen alles wahrzunehmen, was da geschieht. Das automatische Erschrecken und dann wieder an die Oberfläche wollen ist so, als wenn man im Wasser in einen Strudel kommt. Da wird man in die Tiefe gezogen und wieder ausgespien. Ein ums andere Mal, und schließlich ertrinkt man. Die Aufgabe besteht darin, sich gegen den Instinkt, sich nach oben retten zu wollen, hinzugeben und in den Strudel tiefer und tiefer zu fallen, so tief, dass man ein Wasser erreicht, das wieder ruhig geworden ist. In diesem tiefen und stillen Wasser liegt die Rettung. Aber an der Stelle, wo man wieder ausgespien wird, weil man wieder nach oben will, an dieser Stelle muss man still bleiben, nichts tun und sich dem tieferen Wasser überlassen. Das ist eine schöne Metapher.

Es ist großartig, dass du dieses Fallen überhaupt bemerkt hast. Und natürlich war da dieser Schrecken. Diesem Schrecken versucht der Mensch sein Leben lang auszuweichen. Es ist ein guter Anfang. Es lohnt sich, und du wirst immer mehr Zeit während des inneren Fallens haben. Alles wird dir viel langsamer vorkommen. Du wirst viel genauer mitbekommen, wie du auf den Schrecken reagierst. Dann hast du eine Alternative, du wirst anders handeln, nämlich still bleiben und dich nicht wieder nach oben ausspeien lassen.

F: *Ja, ich bin gespannt. Danke!*

F: *Ich bin immer noch am Abgrund und in dieser Unruhe und Angst. Ich weiß nicht…«Dein Wille geschehe» soll man sich das immer wieder sagen? Oder wird das dann nicht auch ein Gedanke?*

C: Zuerst ist es vielleicht ein Gedanke. Dann entdeckst du es als eine tiefe Haltung deines Herzens. Das nennen wir eine Einsicht.

Eine Einsicht geht viel tiefer als ein intellektuelles Wissen.

Beschreibe deine Erfahrung genauer. Du fühlst die Angst, und was geschieht in der Begegnung mit der Angst, wie verhältst du dich gegenüber der Angst?

F: *Ich habe Angst und ich lasse sie zu, ich akzeptiere sie, ich bleibe hier sitzen, ich laufe nicht weg.*

C: Das ist doch gut! Mehr brauchst du nicht zu tun.

F: *Mir ist aufgefallen, ich habe Angst, ich bin immer noch unruhig. «Dein Wille geschehe» ist etwas anderes, wo zieht mich das hin?*

C: Wenn du dich der Angst bereitwilliger öffnest und alle Strategien, die du gelernt hast, von der Angst wegzugehen, aufgibst, dann wird dich dieses Gefühl selber immer weicher machen und dich mehr heilen.

F: *Das Gefühl der Angst oder das Gefühl der Unruhe?*

C: Beides. Du kannst dieser Angst und der Unruhe einfach Raum geben, und immer mehr diese Haltung einnehmen – nichts zu tun und einfach geschehen lassen!

F: *Das kann über Stunden und über Tage gehen?*

C: Es kann so lange dauern, warum nicht. Wenn es über Tage geht, wäre es wichtig, dass du dir Zeit dafür nimmst. Du brauchst nicht von deiner Arbeit weg zu bleiben, aber du könntest zum Beispiel an den Abenden bewusst nichts unternehmen, nicht ins Kino gehen oder Fernsehen schauen, damit der innere Prozess nicht unterbrochen wird, sondern weitergehen kann. Du könntest auf die Träume achten – und während des ganzen Tages mehr auf deine Stimmung und Gefühle.

Aber normalerweise brauchen Gefühle nur einige Minuten, um sich aufzulösen oder zu verbreiten. Sie ziehen sich nur dann in die Länge, wenn du vom Gefühl zurück in die Gedanken, in die Geschichte und in neue Geschichten gehst und dann wieder zum Gefühl und auf diese Weise hin und her springst. Dann ziehen sie sich in die Länge, so kannst du «in einem Gefühl baden».

Liebe und Stille

F: *Was ist mit dem Ziel, das du vorhin formuliert hast, zu lieben und Liebe zu verbreiten?*

C: Das ist kein Ziel! Du selbst bist Liebe, du brauchst nicht das Ziel zu haben: «Ich will lieben!» Das ist nicht nötig. Wenn du stiller wirst, dann wird die Liebe immer mehr durch dich hindurch scheinen, auch nach außen. Was willst du mit dem Ziel machen?

F: *Es ist mir einfach das Wichtigste.*

C: Liebe ist das Wichtigste überhaupt, aber es hat nichts zu tun mit einem Ziel. Du bist Liebe. Das Ziel besteht darin, stiller zu werden und tiefer zu kommen, so dass sich die Liebe vollkommen zeigen kann. Du kannst ja nicht das Ziel haben «Ich will eine Nase», du hast sie ja schon. So ist das mit der Liebe auch.

Übung: Die eigene Grabrede schreiben

Setz dich eine halbe Stunde hin und schreibe eine Grabrede für dich. Du schreibst eine Grabrede, so wie es deinem wirklichen Leben entspricht. Nicht eine Grabrede, die üblicherweise gehalten wird, wo alle nur das Gute über den Menschen erzählen oder erfinden, sondern eine Grabrede, welche die Wahrheit beinhaltet. Eine Grabrede für dich. Du stellst dir vor, du bist tot, und du bist deine spirituelle Freundin, dein bester Freund, und du schreibst die Grabrede für diesen Menschen, den du normalerweise als «ich» bezeichnest.
(Schreiben der Rede)

Jetzt suche dir einen Partner, eine Partnerin. Diese nennen wir den spirituellen Freund oder spirituelle Freundin. Lass dir von ihr oder ihm deine Grabrede ruhig und gesammelt vorlesen. Am besten ist es, wenn du dich dabei hinlegst. Danach stellt die spirituelle Freundin nur die Frage: „Was fühlst du jetzt?" Falls ein Gedanke käme oder eine Körperempfindung, sagt sie: „Das ist ein Gedanke oder das ist eine Körperempfindung, und du kannst auch entdecken, was du jetzt fühlst". Dann fragt sie oder er weiter: „Welches Gefühl taucht noch auf?" und: „Wie reagierst du auf diese Gefühle, was lösen sie in dir aus?"

Angst, Schmerz, vielleicht auch Wut, aber auch Frieden und Glück, das sind die Gefühle, die angesichts des eigenen Todes hochkommen. Es ist gut, diese Gefühle an sich herankommen zu lassen und diesen Gefühlen zu begegnen. Die Trauer darüber, dass man es nicht besser gemacht hat, beinhaltet die Idee, dass es da ein Ich gibt, dass es hätte anders machen können. Auch diese Idee kann sterben.

Der innere Tod

Du kannst sterben, bevor «dein» Körper stirbt. Wenn man die Geschichte von Ramana liest, dann sieht man, welche Bedeutung die Begegnung mit dem eigenen Tod hat. Ramana hatte plötzlich als sechzehnjähriger Schüler die Gewissheit sterben zu müssen. Er hat sich hingelegt und hat sich entschlossen: Wenn ich jetzt schon sterben muss, dann möchte ich genau mitbekommen, was während dieses Sterbens geschieht. Vielleicht kann ich dabei herausfinden, wer stirbt, und ob es etwas gibt, was übrig bleibt. Als er sich auf diese bewusste Weise hingelegt hatte und bereit war, den Tod auf sich zukommen zu lassen, in diesem Moment ist er aufgewacht. In diesem Moment lässt man alles los, da hat man keine Pläne mehr, man lässt zuerst die Zukunft und dann die Vergangenheit los. Dieses Aufwachen hat für die Menschheit eine wichtige Rolle gespielt, weil somit in der Neuzeit (1890) jemand aufgewacht ist, der es nicht auf irgendwelche Traditionen oder irgendwelche Rituale zurückgeführt hat, die er gemacht hätte – er hat keine gemacht. Dieses Aufwachen unmittelbar erfahren. Er hat unmittelbar entdeckt, dass die einzige Bedingung das Loslassen ist. Dadurch konnte er das Aufwachen auf eine ganz neue und ganz andere Weise lehren und verbreiten. Das Aufwachen, das wir heute erleben und das sich in der Welt verbreitet, basiert zum allergrößten Teil auf Ramanas Entdeckungen und dem Weitergeben seiner Erfahrungen. Diese zeigen deutlich, was das Aufwachen mit dem inneren Tod zu tun hat – das es sogar dasselbe ist.

Wenn existenzielle Gefühle oder Erfahrungen des inneren Sterbens auftauchen, lohnt es sich, dabei zu bleiben und das zu vertiefen. Genau wie jetzt, wo du weißt, welche Gefühle damit zusammenhängen und wo die Grenze ist und die Angst. Dies sind Augenblicke, in denen sich das ganze Leben verändern kann.

Fünfter Teil
Was hindert dich daran aufzuwachen?

Indische Spiritualität und westliche Spiritualität

F: *Gibt es einen Unterschied zwischen der indischen Spiritualität und unserer Spiritualität?*

C: Die Antwort ist: Nein. Die zweite Antwort ist: Ja. Und die dritte Antwort ist: Man kann weder das eine noch das andere so sagen. Schon deswegen nicht, weil es gar nicht «die» indische Spiritualität gibt.

Es gibt in der indischen Spiritualität traditionell eine Spiritualität, die sehr viel mit Übungen arbeitet, mit dem «Einüben» von inneren Zuständen, hauptsächlich durch Konzentrationsübungen auf etwas hin: auf ein Mantra hin, auf ein Bild Gottes oder den Namen Gottes hin. Poonjaji sagt genauso wie Ramana, man soll die Übungen vergessen. Man soll mit den Übungen aufhören. Und wenn man Übungen macht, dann soll man sie machen, um zu erkennen, dass sie überflüssig sind.

Eine Wirkung dieser Übungen besteht darin, sich von dem, was augenblicklich ist, weg zu bringen, zu dissoziieren. Wenn ich den ganzen Tag ein Mantra vor mich hin spreche, dann schiebe ich alle anderen Empfindungen, Gefühle und inneren Erfahrungen beiseite. Wenn ich mich auf eine bestimmte Körperhaltung konzentriere und auf den Atem, dann kann ich bewirken und erreichen, dass keine anderen Gedanken im Verstand auftauchen.

Aber sobald ich mit der Übung aufhöre, ist er wieder laut. Und solche Übungen – meint Ramana – seien besser aufzugeben.

Ein Unterschied liegt allerdings darin, dass die Menschen früher jahrzehntelang gesucht haben, bis sie ihren Lehrer fanden. Als sie dann auf ihren Lehrer gestoßen sind, waren sie schon deswegen so glücklich und so unendlich erlöst, dass sie bereit waren alles zu tun, was der Lehrer sagte. Das ist hier natürlich anders. (Lachen) Hier fährt man mit der U-Bahn zwei Stationen und schon ist man da. Wenn der Lehrer einem nicht mehr passt, fährt man zwei Stationen weiter und trifft einen anderen.

Es ist also wirklich anders. Ich meine, manche waren zu ihren indischen Lehrern fünftausend Meilen geflogen oder damals mit dem Schiff gefahren. Die Reise hat drei Monate gedauert. Mit was für einer inneren Haltung kommt man an, wenn man jemanden trifft, für den man drei Monate auf Reisen war, und nachdem man vielleicht schon 10 Jahre gesucht hat?

Man hat Pilgerfahrten nach Lourdes untersucht. Je weiter die Pilgerfahrt für den Einzelnen war, desto größer war die heilende Wirkung. Viele Menschen pilgern ja wegen ihrer Krankheiten nach Lourdes. Die Wahrscheinlichkeit einer heilenden Wirkung ist um so größer, je weiter die Entfernung ist.

Wenn der Suchende früher seinen Lehrer gefunden hatte, dann hatte er wirklich schon sehr viel innere Arbeit geleistet. Da war nur noch der Wunsch übrig aufzuwachen.

Heute ist es manchmal so, dass Menschen aufwachen und dann erst anfangen müssen, die gröbsten Dinge zu bearbeiten, die ihnen innerlich um die Ohren fliegen, weil sie vorher noch keine innere Arbeit gemacht haben. Insofern gibt es kulturelle Unterschiede, historische Unterschiede.

Ein kultureller Unterschied zeigt sich an folgendem: Bei der Erweckung von Kundalini-Energie – was auch nur eine Metapher ist – können sogenannte Krijas auftreten. Das sind unwillkürliche Körperzuckungen und Körperbewegungen. Das heißt:

Während der Meditation mit dem spirituellen Lehrer, der auf der Energieebene arbeitet, fängt der Körper plötzlich an zu zucken. Es entlädt sich Anspannung. Das schüttelt dann mitunter den ganzen Körper oder Teile des Körpers. Man hat entdeckt, dass das in Indien fast gar nicht auftritt. Der Grund ist der, dass der indische Mensch gar nicht so unter Stress und Anspannung steht, damit das hätte auftreten können. Man hat festgestellt, dass das praktisch nur im Westen passiert. Dieser Unterschied wurde damals bei Muktananda beobachtet, der in Indien und auch in Amerika einen Ashram hatte.

Wenn man die indische Spiritualität als Ganzes nimmt, dann gab es traditionell immer den Weg, einen Lehrer zu suchen, sich ihm hinzugeben und ihn zu verehren – zu verehren als Manifestation des Göttlichen. Und dann natürlich die Übungen zu machen, die dieser Lehrer einem vorschrieb, oder das Mantra zu sprechen, dass dieser Lehrer einem gab. Das war der herkömmliche spirituelle Weg.

Weil in den Ashrams dieser Lehrer sehr viele Schüler saßen, aber nur äußerst selten erwachte Schüler, hat sich das Gerücht gehalten, dass man zum Aufwachen noch ganz viele Leben inkarnieren müsse. Meistens war der Lehrer der Einzige im Ashram, der aufgewacht war.

Es hat aber immer auch die Lehre davon gegeben, dass das Aufwachen sofort und plötzlich und unmittelbar geschehen kann. Das gab es im alten Zen-Buddhismus. Vor zwei, drei Jahrhunderten wurde diese Lehre in solchen Geschichten deutlich:

Ein Schüler hat schon mehrere Jahre meditiert und sagt zum Lehrer: „Ich schaffe das nicht mehr. Es hat alles keinen Zweck. Ich übe und übe, ein Koan nach dem anderen, und wache nicht auf". Der Lehrer antwortet: „Gut, das scheint mir überzeugend. Aber probier es noch mal drei Tage. Wenn du es dann nicht schaffst, dann bring dich am besten um". Am zweiten Tag fand der Schüler Erleuchtung.

Solche Geschichten, von denen es im Zen-Buddhismus viele gibt, künden davon, dass es immer auch die Begegnung mit dem Lehrer gab, die darauf abzielte, sofortiges und unmittelbares Aufwachen zu erfahren.

Auch im Christentum gab es das plötzliche Erwachen. Meister Eckhart sagt: „Wenn du nichts willst, nichts hast und nichts weißt, dann kannst du aufwachen noch bevor meine Predigt zu Ende ist." (Statt «Aufwachen» benutzte Meister Eckhart das blumige Wort: «in die Freude des Herrn eingehen».) Da ist auch dieses Plötzliche, bei dem es nicht um jahrelanges oder Lebenszeiten andauerndes Üben geht, sondern darum, ein inneres Loslassen geschehen zu lassen, durch das und mit dem man sofort aufwacht.

Jetzt gibt es noch einen Unterschied. Wir wissen heute über den Prozess des Aufwachens mehr als das bisher in den spirituellen Traditionen der Fall war. Ich glaube, wir wissen vor allem mehr über die psychische und körperliche Struktur des inneren Prozesses. Es gibt inzwischen viel mehr Material über die verschiedenen Wege, viel mehr empirische Erfahrung, die beim Beobachten einzelner Prozesse des Aufwachens gesammelt wurde.

Daher wissen wir, dass wir Übungen, die darin bestehen, Bewusstseinszustände herbeizuführen, nicht brauchen. Die hindern mehr als das sie nutzen. Wir richten unsere Arbeit unmittelbar auf das Aufwachen durch das vollständige Loslassen, auf der mentalen Ebene, der physischen Ebene und der emotionalen Ebene. Wir wissen ziemlich genau, worin dieses Loslassen besteht. Darum können wir Übungen entwickeln, die nicht darauf abzielen, Fähigkeiten zu entwickeln, sondern die darauf abzielen, uns im Loslassen einzuüben.

Das ist ein gewaltiger Schritt. Genau wie Ramana sagte: Beende die Übungen und stell statt dessen nur die Frage: „Wer ist das, der übt?" Und dann richte die ganze Zeit deine Aufmerksamkeit auf diese Frage und versuche nur den Ursprung jedes Ich-Gedankens zu ergründen. Was praktisch auch nur die Aufforderung ist: «Lass alles los!»

Wir wissen heute mehr darüber, wie dieses Loslassen auf der körperlichen, auf der psychisch-emotionalen und auf der geistigen Ebene vor sich geht. Wir haben Übungen entwickelt – Bewusstheitsübungen und andere Übungen, Übungen auf der Ebene des physischen, des emotionalen und des mentalen Körpers – die alle darauf abzielen, sich im Loslassen einzuüben.

Es gibt noch einen Unterschied der spirituellen Wege, der sich im Verhältnis von Energieübertragung und Einsichtsvermittlung darstellt. Viele spirituelle Wege basierten hauptsächlich auf dem Wege der Energieübertragung vom Lehrer auf den Schüler. Zum Beispiel hat Swami Muktananda (1908-1982), der in den siebziger Jahren in Amerika sehr berühmt wurde, fast nur damit gearbeitet.

Bei den Buddhisten in den alten Traditionen waren die Übungen selbst viel weniger wichtig als heute und es kam ihnen viel mehr auf die Energieübertragung durch den Lehrer an.

Poonjaji hat dazu etwas Wegweisendes, sehr Eindrückliches und sehr Überzeugendes gesagt: „Natürlich hat der Lehrer beides zu vermitteln: die transformierende Energie der Stille und Einsicht. Ohne das Vermitteln von Energie, ohne diesen energetischen Raum zur Verfügung zu stellen, passiert natürlich nicht viel. Aber wichtiger ist das Vermitteln von Einsicht, weil die Übertragung von Energie immer nur ein paar Tage oder Wochen wirkt. Dann kommt der Schüler wieder zum Lehrer zurück und erfreut sich wieder an dem Fluss von Energie." Poonjaji sagt: „Wenn nur das der Inhalt meiner Arbeit wäre, würde ich mir vorkommen wie ein Drogenhändler, der etwas anbietet, das nur kurzfristig wirkt und dadurch dem Schüler die Haltung vermittelt, dass er etwas von außen bekommt, das ihm weiterhilft. Einsichten dagegen entstehen immer Innen."

Das Vermitteln von Einsichten sind nicht Gedankengänge, die der Lehrer mitteilt, sondern das ist das Gewinnen innerer Einsichten auf einer tieferen Ebene als der gedanklichen. Eine Einsicht basiert immer auf einer inneren Erfahrung.

Poonjaji sagte: „Das Vermitteln von Einsicht ist das Wesentliche, das der Lehrer zu geben hat, weil Einsichten, die entdeckt werden, nicht wieder verschwinden. Energieübertragungen jedoch verschwinden wieder.“

So unterscheiden sich die spirituellen Wege und spirituellen Lehrer auch darin, wie viel sie sich nur auf die Energie-Übertragung verlassen oder wie sehr ihnen daran gelegen ist, dass Einsichten vermittelt werden und entstehen.

Wenn Ramana sagte: „Sei still“, dann sagen wir: „Sei still auf der Ebene des Mentalkörpers, also der Gedanken, sei still auf der Ebene des emotionalen Körpers und sei still auf der Ebene des physischen Körpers.“ Und auf jeder Ebene – so wissen wir – ist es eine unterschiedliche Herangehensweise an das Stillsein – unterschiedlich, wenn auch im Wesentlichen dieselbe.

Wir haben Übungen für das Stillsein auf diesen Ebenen. Das ist einfach eine wesentliche Weiterentwicklung.

Das Ich hat nie existiert

F: *Wo kommt dieses Ego eigentlich her? Wieso ist es entstanden?*

C: Versetz dich mal ein paar Jahrhunderte zurück bis dorthin, wo die Menschen noch an einen Gott des Meeres glaubten. Sie haben dann alles, was mit Meer und Wasser zusammen hing, wahrgenommen in Bezug darauf, dass da eine Person ist, ein Gott, der sich im Meer ausdrückt, die Wellen bestimmt, die Unwetter bestimmt, und all das. Sie haben gebetet oder geopfert und dann war plötzlich das Meer glatt und die Fahrt ist gelungen. Sie haben natürlich geglaubt, dass es an ihren Gebeten und an ihren Opfern liegt. Wenn du ihnen gesagt hättest: „Nein, das sind physikalische Gesetze“, dann hätten sie geantwortet: „Du bist verrückt. Das weiß doch jeder, das hat doch jeder durch tausende Erfahrungen bestätigt bekommen, dass es diesen Meeresgott Neptun gibt."

Und genauso ist es mit dem Ich. Wenn jetzt jemand her kommt und sagt: „Es gibt kein Ich. Was sich im Kopf bewegt, ist nur das Ergebnis von Bewusstseinsfeldern. Da strömen und fließen Gedankenformen. Genau wie Winde sich zu bestimmten Jahreszeiten in bestimmten Ländern als Fön oder als Monsun oder andere Winde konzentrieren, genauso konzentrieren sich bestimmte Gedankenformen in bestimmten Ländern zu bestimmten Zeiten und in bestimmten Familien. Das alles, was da in dir geschieht, ist das Ergebnis solcher fließenden und strömenden Gedankenformen innerhalb von Bewusstseinsfeldern, ganz so wie Winde und Wellen, Temperatur, Wetter und Seegang den glücklichen oder unglücklichen Ausgang der Schifffahrt bestimmt haben.

Ganz so ist es in dir mit diesen Gedankenformen und Bewusstseinsfeldern. Plötzlich bekommen bestimmte Gedankenformen eine bestimmte Richtung und verstärken sich, um dann ein bestimmtes Handlungsergebnis zur Folge zu haben." Dann kommst du und interpretierst es: „Ah, das kommt daher, dass ich eine Entscheidung getroffen habe."

Immer, wenn du an das Ich denkst, kannst du fragen: „Und, gibt es den Meeresgott Neptun etwa auch?" (Lachen)

F: *Wenn ich das richtig verstehe, ist Bewusstsein da und durch meine Interpretation entstehen Gedanken, die mein Handeln dann...*

C: Nein. Sogar die Gedanken, die Handlungen auslösen, sind schon da. Du interpretierst nur, dass du das bist, der die Handlungen macht. Durch deine Interpretation erfindest du nur das Ich. Die Handlungen geschehen.

Wenn es hart auf hart kommt und ein Unfall droht – in so einer Situation handelst du ohne das Ich. Wie automatisch. Wie von alleine. Ohne zu überlegen. Dann stehst du neben dir und fragst dich hinterher: „Wie habe ich das überhaupt geschafft?"

Man kann auch sagen: Wenn es hart auf hart kommt, dann kann die Natur sich gar nicht erlauben, dass das Ich dazwischen funkt.

In der normalen Handlung, wenn du Brötchen kaufst, Frühstück machst, kann das Ich sich austoben. Aber wenn es wirklich darauf ankommt, dann ist es sowieso außer Kraft gesetzt.

Als Sokrates gesagt hat: Wenn man Gott sucht, muss man nach innen schauen und nicht auf das Meer, haben sie ihn für verrückt erklärt und mit dem Tode bestraft. Hauptsächlich deswegen, weil er die Jugend damit verführen würde, indem er sagt: „Gott findet man, indem man in sich hinein schaut und sich selbst entdeckt."

F: *Wenn ich das richtig verstanden habe, dann hast du Ego und Ich quasi gleichgesetzt. Oft wird unterschieden zwischen Ego und Ich.*

C: Die, die Ego und Ich unterscheiden, glauben, das Ego müsse abgeschafft werden und hoffen dann, das Ich behalten zu können. Aber das ist Unsinn.

F: *Es bleibt trotzdem für mich die Frage: Wer ist es, der da erkennt? Wer ist es, der da beobachtet?*

C: Niemand. (Pause) Es sind Erkenntnisse da, aber niemand, der sie macht. Es sind Handlungen da und niemand, der handelt. Es sind sogar Gedanken da, ohne dass jemand da ist, der denkt.

F: *Was heißt dann Selbstbewusstsein? Was unterscheidet mich dann von einem Stein oder einem Tier oder von einer Pflanze?*

C: Weil Gedanken da sind, ohne das jemand denkt. Beim Stein ist niemand da, der denkt, aber auch keine Gedanken. Darum sagt man, dass manche Leute Stroh im Kopf haben. Weil Stroh nicht denkt. (Lachen) Das ist der Unterschied.

F: *Ich verstehe es noch nicht.*

C: Was ist daran schwer zu verstehen? Dass Gedanken da sind, ist offensichtlich. Man kann sie hören in Form von Worten.

F: *Okay. Aber ich denke. Ich fühle. Ich handle.*

C: Nein. Wenn du sagst: „Ich denke", dann hieße das, dass du den Gedanken machst. Aber das stimmt nicht. Der Gedanke fällt dir ein. Du kannst ja noch nicht einmal selber entscheiden, woran du denken willst.

F: *Ja. Ich kann aber zum Beispiel entscheiden, bei einem Gefühl zu bleiben oder ein Gefühl zu verdrängen oder gegen ein Gefühl anzukämpfen. Das geht doch von mir aus.*

C: Ja. So scheint es zu sein, dass du die Fähigkeit hast zu entscheiden, wohin deine Aufmerksamkeit sich richtet. Diese Fähigkeit scheint das Einzige zu sein, was übrig bleibt. Genau genommen nur die Fähigkeit, etwas nicht zu tun. Nicht die Fähigkeit etwas zu tun. Das geschieht von allein. Die Fähigkeit anhalten zu können, scheint übrig zu bleiben. Bei dem Gefühl zu bleiben bedeutet nichts anderes als anhalten in bezug auf die Impulse, die dich davon wegziehen.

F: *Wer ist das, der anhält?*

C: Ergründe das! Mit der Antwort: Das ist das Herz, könntest du dich dem annähern.

Das Herz kannst du verstehen als eine innere Kraft, die dich zurück bringen will zur Wahrheit, zur Stille, zur Unendlichkeit. Du kannst dir vorstellen, dass, wenn es nach dem Herzen ginge, diese Kraft so stark ist, dass du binnen Tagesfrist die Wahrheit gefunden und die Unendlichkeit und das Einssein mit der Unendlichkeit entdeckt hättest. Das Ich ist besorgt und ängstlich und glaubt so viele Dinge tun zu müssen, glaubt auch, dass es selber diese Dinge tut. Es baut alle möglichen Hindernisse auf und jagt allem Möglichen nach. Nur deswegen, weil das Ich sich einmischt, ist die Suche nach der Wahrheit so blockiert. Darum ist es am besten anzunehmen, dass das Herz die innere Fähigkeit entwickelt und die innere Fähigkeit hat anzuhalten.

Man kann sagen – und deine Erfahrung wird es vielfach belegen – ob du es schaffst, anzuhalten oder nicht, scheint nicht von dir abzuhängen. Mal scheint es dir zu gelingen, ohne dass du verstehst, warum und mal scheint es dir überhaupt nicht zu gelingen. Und dann, wenn du mehr Erfahrung damit hast, ist es so wie jemand berichtet: „Oh, jetzt beginne ich das Gefühl zu haben, in bezug auf das Anhalten wählen zu können."

Mach deine eigenen Erfahrungen damit und mit der Antwort auf diese Frage. Ergründe dich selber. Welche Erfahrung machst du:

Kannst du etwas entscheiden oder kannst du es nicht? Versuch bei dir selber herauszufinden, wo du ein «Ich» wahrnehmen kannst.

Früher hat man geglaubt, es ist Gott und der Teufel, der im Menschen einen Kampf ausficht. Als zwei widerstrebende Kräfte um Gut und Böse. Dann glaubte man: Nein, die gibt es nicht, es ist das Ich, das handelt. Aber letztlich wirst du tatsächlich selber merken, wenn du sehr genau hinspürst und ständig die Frage stellst: „Wer hat die Handlung gemacht?", wie bodenlos ohnmächtig das Ich ist.

Früher wusste man noch nichts von der sozialen Konditionierung, noch nichts vom Unterbewussten, wusste noch nichts von den Familienbindungen und Familiendelegationen, die dir bestimmte Aufträge geben von Ahnen und Generationen her. Man wusste noch nichts von der Wirkung des Unterbewussten, das hunderttausendmal mehr Informationen verarbeitet, als du es mit dem Kopf tun kannst. Das zeigt sich in den Träumen. Es zeigt sich darin, dass deine Handlungen von allem Möglichen bestimmt werden, bloß nicht von dem, was du möchtest und dir ausdenkst. Gerade in den letzten Jahren entwickeln sich die Neurowissenschaften und Bewusstseins-Wissenschaften, die immer mehr das Ich als eine gedankliche Konstruktion begreifen. Aber, es macht Sinn, es selber zu erforschen.

F: *Ich denke an ein Kind, ein kleines Kind, das gerade entdeckt: Das bin ich und Freude daran hat: Ich kann mich hinstellen und laufen. Das ist ja eigentlich ein sehr schöner Prozess.*

C: Ja. Es gibt viele Wachstumsprozesse, die für das Kind wichtig sind. Aber was für das Kind großartig ist und seinem kindlichen Entwicklungs- und Wachstumsprozess gemäß, ist, wenn der Erwachsene es tut, nicht mehr kindlich, sondern kindisch. So ist es auch mit der Vorstellung vom Ich. Es ist eine Durchgangsphase.

Mit elf oder zwölf Jahren können Jugendliche aufwachen und die wahre Natur des Menschseins entdecken – als Erwachsener stünde das spätestens an. Aber stattdessen – wie mein Lehrer Eli Jaxon-Bear es provokant ausgedrückt hat – verhalten sich Erwachsene wie Zweijährige mit der hormonellen Ausstattung eines Vierzehnjährigen: «Ich will», «Das ist meins», «Ich will nicht» und «Ich werde niemals tun, was meine Mutter mir sagt». (Lachen)

Hingabe und Wu-Wei

F: *Ist Hingabe eine Aktivität?*

C: Wenn du dich hingibst, worin könnte dann deine Aktivität bestehen?

F: *Da ist zuallererst immer dieses Gewahrwerden von dem, was ist. Also eine Form von Beobachterposition, die ich habe.*

C: Gewahrwerden ist noch keine Aktivität. Worin besteht dann die Aktivität?

F: *Wenn da ein Gefühl ist wie Wut, dann ist dieses Gefühl Wut mit vielen Bewertungen belegt. Also, Wut ist okay. Aber du musst aufpassen, dass du hier niemanden verletzt.*

C: (ironisch) Bewertungen wollen wir auf gar keinen Fall.

F: *Auf der anderen Seite weiß ich, dass es sicher gut ist, mit dieser Wut still zu sein und nichts mit dieser Wut zu machen.*

C: Ja. An welcher Stelle könnte bei der Hingabe etwas getan werden, was du Aktivität nennst?

F: *Bei einer richtig verstandenen Hingabe bleibt kein Platz mehr für eine Aktivität.*

C: Richtig. Ich will dir ein Beispiel geben: Es ist 19:30 Uhr, halb acht. Jetzt hättest du verschiedene Möglichkeiten. Wir stellen uns vor, du bist irgendwo auf der Straße. Du könntest jetzt in das erste Kino rennen. Oder du könntest sagen: „Nein. Kino ist eine Ablenkung, darauf verzichte ich heute." Jetzt könntest du weiter in das Cafe gehen und zwei Stunden spannende Zeitschriften und Zeitungen lesen. Aber du könntest auch sagen: „Nein.

Ich rufe jetzt auch keinen an, den ich treffen könnte. Ich geh jetzt einfach spazieren. Und wenn ich dann in das Cafe gehe, bleibe ich da sitzen und lese keine Zeitung. Mal schauen, was in mir hoch kommt und was in mir geschieht, ohne dass ich etwas tue."

Das wäre ein Loslassen von Gewohnheiten, von äußeren Dingen, und das ist durchaus ein aktiver Prozess. Es ist ja nicht einfach nur «alles laufen lassen». In dem Sinne ist das Anhalten, das Stillsein mitunter tatsächlich ein aktives Stillwerden.

Die Hingabe, das Anhalten, das Nicht-Tun ist immer wieder ein aktiver Prozess. Ohne bewusstes Gewahrsein und ohne aktives Anhalten laufen die Dinge so weiter wie sie laufen. Seit zehntausend Jahren. Sie laufen einfach weiter. Innerlich und äußerlich.

Darum sagen wir auch nicht: «Alles, was ist, ist okay». Denn das kann auch eine Falle sein. Alles, was da basierend auf der Charakter-Fixierung und der Ichhaftigkeit abläuft, alles, was Leid schafft, ist nicht in Ordnung!

Das Anhalten, das Nicht-Anhaften ist – und darin besteht ja das Abenteuer – ein aktiver Prozess: «Halte ich das aus? Die Leere, das Alleinsein? Was begegnet mir dann, wenn ich die Gewohnheiten beende? Was geschieht, wenn ich nicht dagegen ankämpfe?» Denn, gegen alles zu sein oder immer Harmonie zu suchen, ist auch eine Gewohnheit, eine innere Gewohnheit.

Bei diesem Tun und Nicht-Tun ist es gut, wenn einem das chinesische Wu-Wei einfällt, das genau dazwischen ist. Weder passiv, im Sinne von: «Die Dinge laufen lassen», noch aktiv, im Sinne von: Ich kann es kontrollieren und beherrschen». Wu-Wei heißt «Dazwischen sein». Weder etwas unter Kontrolle haben noch alles laufen lassen. Ein vergleichbares Wort gibt es bei uns nicht. Bei uns gibt es nur entweder oder in der Sprache.

Partnerübung: Was hindert mich daran aufzuwachen?

Partner A ist die spirituelle Freundin und stellt immer die gleiche Frage. Die Haltung des spirituellen Freundes besteht darin, ganz leer zu sein, d.h. du hast keinen eigenen Plan. Jede Antwort, die du bekommst, ist dir gleichermaßen recht, auch wenn du keine Antwort bekommst. Du willst mit den Fragen nichts bewirken und erreichen. Es soll für dich auch gar nichts dabei heraus kommen. Du stellst nur die Fragen. Insofern bist du vollständig leer und gleichzeitig wach und präsent und aufmerksam für das, was du als Antwort bekommst. Du bist also vollständig bewusst.

Und jetzt gibt es ein wichtiges Phänomen, das sehr viel über die Natur des Menschen sagt: wenn du ganz leer bist und ganz aufmerksam, dann kannst du gar nicht anders als liebevoll sein.

Ihr könnt das ausprobieren. Du kannst herausfinden, ob du leer und aufmerksam sein und den anderen nicht mögen kannst. Du wirst merken, es geht nicht!

Wenn du also in diesem Sinne spiritueller Freund oder spirituelle Freundin bist, dann begibst du dich in einen Raum, in eine Haltung, die dem aufgewachten Sein entspricht – leer sein, bewusst sein und Liebe sein. Das sind die drei Qualitäten des aufgewachten Seins. In Indien heißt es: Sat – Chit – Ananda, Sein – Bewusstsein – Glückseligkeit, was in unseren Worten Leere, Bewusstsein und Liebe bedeutet.

Auf diese Weise stellst du die Frage, und wenn dann die Antwort kommt, sagst du: „Danke“. Wenn über einige Zeit keine Antwort kommt, sagst du auch: „Danke“ und wiederholst die Frage, um den anderen zu erinnern und die Aufmerksamkeit erneut auf die Frage zu richten.

Die Frage in dieser Übung lautet:

„Was hindert dich daran aufzuwachen?"

10 Minuten später:

Kommt nun mit der letzten Antwort zu Ende und schließt alle eure Augen.

Jetzt mach ein kleines Experiment. Stell dir vor, dass alle Hindernisse, die du genannt oder die du gehört hast, wegfallen, wodurch auch immer. Sie sind beseitigt und nicht mehr da.

Nimm jetzt wahr, was es mit dir macht, was es auslöst und was geschieht.

Und nimm wahr, was du jetzt erfährst und lass dich in das, was du erfährst, hinein fallen. (Pause)

Dann kannst du, auch wenn du gleich die Augen öffnest, in dem bleiben, was du gerade erfährst, und die Rollen tauschen.

F: *Ja, es war eine sehr interessante Übung, auch für mich ein sehr interessantes Thema. Aufwachen – darum geht's bei mir – und was mich dran hindert.*

Da ist Klarheit, da ist Wachheit, da ist Schönheit, da ist Liebe. Ich bin sehr viel zusammen mit einem Erwachten, der nicht hier lebt, sondern in Korfu. Dann ist alles okay, so wie du es vorhin schon beschrieben hast. Es ist wunderschön, es ist Liebe, es ist Glückseligkeit, einfach sein, ohne etwas zu wollen, ohne etwas zu tun.

Und dann komme ich nach Hause und muss arbeiten. Da habe ich gemerkt, dass dieser Frieden anfänglich immer wieder verloren ging, es aber immer leichter wird, damit zu sein und damit zu arbeiten. Aber letztendlich ist der Wunsch da, für immer aufzuhören und für immer zu sein. Deswegen bin ich auch hier, weil ich gemerkt habe, dass ich nicht mehr kann. Ich mag nicht mehr.

Da gibt es viele Situationen in meinem Leben, wo ich auch eine Wut spüre und auch dankbar dafür bin, dass ich die Gelegenheit habe zu erkennen, dass ich in den Momenten nicht in dieser Liebe und in diesem Sein bin. Deswegen komme ich zu dir, um zu lernen und zu verstehen und für immer sein zu können.

Es gibt nichts anderes mehr, was mich glücklich macht oder wo ich hin muss. Ich möchte eigentlich nur sein, nur hier sein. Und deswegen war die Frage für mich sehr berührend.

Erst wusste ich gar nicht, was ich dazu sagen sollte. Ich fühle mich so gut, es gibt nichts, was ich jetzt bräuchte. Aber ich kenne die Momente draußen, die mich wieder einholen und wo ich dann nicht im Frieden bin. Da gilt es für mich jetzt, hundert Prozent zu geben und alles dafür zu tun, egal, was es ist. Auch mir helfen lassen – von dir. Denn du hast mich sehr berührt im Herzen.

C: Ja, bisher bist du noch zu sehr angewiesen auf die Nähe zum aufgewachten Sein in einer anderen Person. Dass dich das so berührt, ist ein sehr gutes Zeichen. Jetzt musst du für dich innerlich noch den letzten Schritt tun, durch den du dich in das aufgewachte Sein hinein auflöst, ohne wieder zurück zu gehen in das Gefängnis. Jetzt ist das Gefängnis schon auf und du hast schon Ausgang, aber irgendwie gehst du dann abends wieder zurück. (Lachen)

Mach mal die Augen zu und stell dir die Frage: „Was hat es mit dem Tod auf sich? Was löst es in mir aus, wenn ich den Tod einlade und dem Tod ins Auge sehe?“ Was taucht auf?

F: *Momentan nichts – eine Körperempfindung.*

C: Welche Körperempfindung?

F: *Ein bisschen Augenflattern, ein bisschen nervös sind die Augen.*

C: Das ist ein Missverständnis. Die Augen flattern bei vielen Menschen, wenn sie sich nach innen richten. Das ist überhaupt nicht nervös, das hat mit Unruhe gar nichts zu tun. Was noch?

F: *Für mich ist es eine gewisse Schönheit, darin zu verweilen. Dann stirbt es von Moment zu Moment. Den genieße ich sehr, diesen kleinen Tod.*

C: Den ganzen Tod?

F: *Den versuche ich gerade einzuladen, indem ich die Frage gestellt habe, aber da kam im Moment nichts hoch. Ich kenne die Momente sehr wohl, in denen ich nicht glücklich bin, draußen. Die werden immer weniger und ich gucke immer mehr hin und gebe dem immer mehr Aufmerksamkeit. Die Ausrichtung ist halt klar da. Hingabe fängt morgens an. Wenn ich merke, dass etwas sich nicht gut anfühlt, erinnere ich mich dran: Komm zurück, gib dir Zeit – das ist eben ein Prozess.*

C: Das ist ganz in Ordnung. Du stehst noch am Rand des Abgrunds. Du brauchst noch einen Schritt, um dich in diesen Abgrund fallen zu lassen.

F: *Ich weiß nicht, wie ich diesen Weg gehen soll.*

C: Gut. Mach die Augen wieder zu. Atme ein-, zweimal aus mit einem Seufzer. Was erfährst du jetzt? Lass die Augen geschlossen, auch wenn du antwortest.

F: *...kein Ende...dahin fließen*

C: Ja, ein Dahinfließen. Wie tief ist dieses Dahinfließen, wie tief geht es?

F: *Ich merke, da fehlt noch was. Da ist ein Bedürfnis, mich dem hinzugeben, für immer. Da stockt noch irgendetwas.*

C: Genau. Lass dich fallen bis an die Stelle, wo es stockt. Lass den Mund geöffnet, weil der Körper dann leichter so atmen kann, wie er will. Du lässt dich in diesen Fluss, du lässt dich in diese Erfahrung hinein fallen. Noch mehr loslassen. Auch im Bewusstsein loslassen, da du es ja nicht machen kannst. Du kannst dich nur fallen lassen, und dann ist es etwas, was mit dir geschieht. Was erfährst du jetzt?

F: *Es hat sich ein bisschen verändert, irgendwie tiefer, irgendwie ist gar nichts mehr da...das Bedürfnis immer mehr, mehr, mehr...mein Herz verlangt regelrecht danach.*

C: Lass dich tiefer fallen, auch wenn du jetzt gleich die Augen öffnest. Das ist alles sehr gut, und man sieht auch genau, was da noch nötig ist.

Angst ist kein Hindernis

F: *Ich habe sehr viel Angst gespürt, immer wieder. Mein Hauptthema ist Angst, die ich im Herzen und im Bauch fühle: Einmal ist es die Angst, mich wirklich ganz aufzulösen, wenn ich mich fallen lasse, und das Zweite ist, dass ich Aufgewachtsein auch mit der Angst verbinde, ich könnte mich dann von den anderen Menschen so unterscheiden, abtrennen und dann ganz einsam sein.*

C: Wegen des Heiligenscheins, meinst du? (Lachen)

F: *Wegen des Andersseins, dass ich mich anders fühle und die anderen mich vielleicht auch anders wahrnehmen, dass alle Freundschaften sich dann irgendwie verwandeln.*

C: Du sagst, dass die Angst das Hindernis ist. Aber die Angst kann kein Hindernis sein.

F: *Also, die Angst war ein starkes Gefühl, das die ganze Zeit immer bei der Frage auftauchte.*

C: Ich verstehe, aber die Angst kann kein Hindernis sein, sondern nur, wie du dich gegenüber der Angst verhältst.

F: *Ja, es ist wie ein: «Ich fühle die Angst» und dann kommt so ein Festhalten, als ob ich mich sperre, weiter zu gehen.*

C: So ist es. Dieses Festhalten, dieses Sperren angesichts der Angst, das ist das Hindernis. Merkst du, dass das ein Unterschied ist?

F: *Stimmt, ja.*

C: Gut, dann frage dich: „Will ich so weiter leben wie bisher? Vielleicht noch sechzig Jahre? Oder aufwachen mit dem Risiko, mich so vollständig aufzulösen, dass alles verschwindet?“ Was willst du wählen?

F: *Aufwachen. Das ist ganz klar.*

C: Das ist doch schön! Aber was ist, wenn du dich so auflöst, dass alles verschwindet?

F: *Es ist eigentlich eine Erleichterung...jetzt, wo du mich fragst, fühlt es sich erleichternd an.*

C: Ja. Dann bleibt nur noch die Frage: Wie schaffe ich es, wenn die Angst auftaucht, mich gegenüber der Angst ganz offen zu verhalten, ganz offen zu bleiben? Was wird die Angst tun, wenn du es schaffst, gegenüber der Angst ganz offen zu bleiben?

F: *Mein Gefühl ist, dass sie dann meinen ganzen Körper erfasst. Also, ich spüre sie sehr stark körperlich. Im Herzen und im Bauch. Ich spüre das richtig als Angst und eine starke Unruhe.*

C: Ja. Mach die Augen zu. Im Herzen spürst du das. Ist es so, dass das Herz pocht und schlägt und schneller wird?

F: *Im Moment spüre ich es einfach mehr im Solarplexus.*

C: Was passiert da?

F: *Da ist das wie so eine...als ob sich ein Loch auftut.*

C: Ein Loch?

F: *Ja. Es ist ein unheimliches Gefühl...es ist unheimlich.*

C: Es ist unheimlich. Beschleunigt sich der Atem?

F: *Er wird etwas tiefer.*

C: Er wird tiefer. Nicht schneller?

F: *Nein.*

C: Wenn richtige Angst hoch kommt, wird in der Regel der Atem schneller und das Herz schlägt schneller.

F: *Es ist auch gerade nicht so stark wie vorhin bei der Übung.*

C: Achte das nächste Mal darauf, wenn du Angst hast: Was spielt sich hier eigentlich ab? Was spielt sich ab, wenn ich nichts gegen die Angst tue? Wenn ich mich nicht eng mache. Nicht die Luft anhalte. Nicht wegrenne. Was spielt sich eigentlich ab, wenn ich mich völlig von der Angst erfassen lasse? Wie verändert sich der Atem? Wie verändert sich der Herzschlag? Was geschieht im Solarplexus? Was geschieht im Bauch?

Welche Phantasien drängen sich mir auf? Kann ich diese Phantasien unterbinden, indem ich nur im Spüren und Fühlen bleibe?

Mach das, wenn die Angst auftaucht. Lerne sie kennen.

Trance: Begegnung mit dem Jüngeren

Schließ deine Augen. Mach ein paar mal einen Seufzer beim Ausatmen. (Pause)

Nimm wahr, was du im Augenblick fühlst. (Pause) Dann blick zurück auf das Leben, das hinter dir liegt – bis zum heutigen Tag...Schau auf die Zeit deines Lebens, die davon geprägt war, auf der Suche zu sein. (Pause)

Jetzt kannst du dir vorstellen, wie du etwas jünger und schon bereits auf der Suche nach der Wahrheit bist. (Pause)

Und du kannst wahrnehmen, welches Gefühl die Wahrnehmung dieses jüngeren Mannes, dieser jüngeren Frau in dir auslöst, wenn du ihn oder sie jetzt siehst. (Pause)

Du kannst wahrnehmen, ob es ein Gefühl von Liebe ist. Oder ob dieses Gefühl von Liebe behindert wird durch ein anderes Gefühl. (Pause)

Du kannst wahrnehmen, ob du dieser jüngeren Frau, diesem jüngeren Mann, dankbar bist dafür, dass er oder sie sich auf den Weg gemacht hat. (Pause)

Wenn du jetzt den Weg siehst, den er oder sie gemacht hat, Umwege vielleicht auch, kannst du ausprobieren zu sagen: „Es durfte alles so sein wie es war. Ich stimme allem zu, wie es war und wie es ist."(Pause)

Dann kannst du den Blick etwas weiter werden lassen und über ihn oder sie hinweg schauen zu der größeren Macht, die das Schicksal in Händen hält. Auch dieser größeren Macht kannst du sagen: „Es durfte und darf alles so sein, wie es war und wie es ist." (Stille)

Erfahrungen machen – nicht glauben

Innenreise: Körperempfindungen – Gefühle – und das, was noch tiefer ist

Geh mit Deiner Aufmerksamkeit durch deinen Körper. Bleibe mit deiner Aufmerksamkeit an einer Stelle, an der du dich angespannt fühlst oder du einen Druck empfindest oder dich taub fühlst oder an der ganz im Gegenteil besonders viel Bewegung ist. Bleib mit deiner Aufmerksamkeit an dieser Stelle, ohne etwas zu tun, ohne etwas zu verändern, ohne auch nur etwas verändern zu wollen. Einfach gewahr sein. Du kannst wahrnehmen, ob sich an dieser Körperstelle etwas verändert, sich vielleicht eine Anspannung löst, ganz von alleine, ohne dass du etwas tust...gerade weil du nichts tust, sondern zurücktrittst. (Pause)

Nach einiger Zeit geh zu einer anderen Stelle in deinem Körper und bleib mit deiner Aufmerksamkeit dort. Es ist am besten, wenn die letzte Körperstelle noch im Hintergrund im Bewusstsein bleibt. Und so wandere zu verschiedenen Stellen deines Körpers, an denen du Anspannung oder Druck oder etwas anderes spürst. (Pause)

Jetzt richte deine Aufmerksamkeit darauf, was du fühlst oder erfährst, viel tiefer als die Körperempfindungen. Lass dich in dieses Gefühl oder diese Erfahrung hinein sinken...

Finde heraus, wie tief dieses Gefühl ist. Finde heraus, was sogar noch tiefer ist als dieses Gefühl. Finde heraus, wie es ist, dich dem inneren Fallen zu überlassen. (Pause von einigen Minuten)

Wenn du gleich die Augen öffnest, achte darauf, in dieser inneren Erfahrung zu bleiben auch mit geöffneten Augen. Tatsächlich kann das Öffnen der Augen sogar ein Signal sein, dich noch tiefer fallen zu lassen. (Pause)

Das Ende der Trennung von Innen und Außen

Wenn du die Augen öffnest und nach außen schaust und gleichzeitig in der inneren Erfahrung bleibst, merkst du sofort, dass die äußere Welt anders auf dich wirkt. Wenn du nämlich in der inneren Erfahrung bleibst, kannst du die äußere Welt nicht wie gewohnt mit diesem Teppich von Gedanken überziehen. Normalerweise wirst du gar nicht mitbekommen, wie du das tust. Es geschieht ganz automatisch. Wenn du dir zu dem, was du da siehst, Gedanken machst, Bedeutungen herstellst, gedankliche Assoziationen anknüpfst oder damit Bewertungen verbindest, bist du natürlich sofort von deiner Erfahrung weg. Experimentiere damit! Wenn du in deiner inneren Erfahrung bleibst und den anderen siehst, ist der andere leer. Er ist sowieso leer – aber dann nimmst du ihn als leer wahr. Wenn du umgekehrt die Menschen mit diesen Ich-haften Gedanken überziehst: «Ach, kenne ich den? Was hat er neulich gesagt? Hoffentlich tut er mir nichts und ist mir wohl gesonnen. Was könnte ich mit ihm anfangen?». Sobald du so etwas denkst, gehst du von deiner Erfahrung weg.

Wenn du in deiner inneren Erfahrung bleibst, dann ist alles, was du siehst, leer. Leerheit als natürliche innere Qualität. Du kannst mit geöffneten Augen in der inneren Erfahrung bleiben. Dann hört die Trennung zwischen Innen und Außen auf. Wie deutlich machst du die Erfahrung? Es geht darum, diese Erfahrungen zu machen. Es geht niemals darum, etwas zu glauben. Was würde es dir helfen, wenn du es nur glaubst, dass es keine Trennung von Innen und Außen gibt, dass es «Wie oben so unten» ist? Wenn du daran glaubst, was hilft dir das? Nichts! Ohne eigene Erfahrung hilft dir keiner dieser klugen Sätze. Im Gegenteil! Sie können schaden. Wenn du den Satz nimmst: «Es gibt keine Trennung von Innen und Außen», dann kann das dazu führen, dass du glaubst, dass du keine eigenen Gefühle haben müsstest oder bräuchtest oder hast. Dann kann der Satz dazu führen, dass er dich von deiner Erfahrung trennt. Es bleibt dann ein rein mentaler Prozess: Wenn es keinen Unterschied zwischen Innen und Außen gibt, gibt es auch keinen Grund, verletzt zu sein. Wenn es keinen Grund gibt, verletzt zu sein, dann ist dieses komische Gefühl von stechendem Schmerz, das da aufkommt, weil der andere dir das und das angetan hat, gar nicht wirklich und braucht vermeintlich von daher auch gar nicht gefühlt zu werden. Mit diesem Gedanken wird dann ein Gefühl verdrängt, das durch die Verdrängung zu Verspannung und Verkrampfung führt.

Ein Satz, der zum Konzept geworden ist, bewirkt eine Trennung vom Leben. Jeder spirituelle Satz, sobald er ein Konzept geworden ist, ist schädlich. Nur Einsichten aufgrund eigener innerer Erfahrungen sind von Wert. Nur das führt weiter. Kommen wir wieder zurück zu dem, was du gerade erfährst. Es kann sein, dass du manchmal davon weg gehst, weil du das Gehörte einordnen willst und hören willst, was es für dich bedeutet. Doch du kannst sofort wieder zurück finden zu deiner inneren Erfahrung. So kannst du dir angewöhnen, in einem losen, aber direkten Kontakt mit der inneren Erfahrung zu leben und auch in dem Einssein mit der Erfahrung. Das ist eine andere Art, in der Welt zu sein. Wenn du auf diese Weise in der Welt bist, hast du natürlich auch eine andere Haltung bei deiner Arbeit. Dann hören auch da alle Trennungen auf. Dann hört die Trennung zwischen Alltag und Nichtalltag auf, auch die Trennung zwischen Meditation und Leben. Die Trennung zwischen dir, dem Leben und der Unendlichkeit hört auf.

Wir können das noch einmal genauer betrachten. Wenn ein Gefühl auftaucht, gab es noch bevor das Gefühl da ist, eine Erwartung und eine Absicht. Kommt dann das Gefühl, gibt es eine Reaktion – eine innere Reaktion, das Gefühl zu interpretieren und zu erklären, und eine äußere Reaktion. Dieses Vorher und Nachher ist vom Ich bestimmt. Wenn du also absichtslos, erwartungslos und ohne Urteil an das Gefühl heran gehst, wenn du ohne Plan und ohne Intention auf das Gefühl reagierst, also still bleibst, dann ist da ein Gefühl, aber kein Ich. Dann ist ein Gefühl so wie ein Wind im Wald, der Blätter in Bewegung bringt und wieder aufhört. An dieser Stelle findet Veränderung statt. Sie findet statt, indem du die Impulse beendest: Aus dem Gefühl heraus zu reagieren, es zu interpretieren, es weg haben zu wollen, etwas tun zu müssen. Du kannst still bleiben und erforschen, was dann mit dir geschieht.

Es ist ein sehr konsequenter Weg, nach innen gerichtet zu sein und immer tiefer zu erforschen, wie sich das Leben in dir entfaltet, wenn du anhältst, wenn du zurück trittst. Je mehr du dann auf diese Weise mit dir experimentierst, je mehr du zurück trittst und das Gefühl, die Erfahrung und das Leben unmittelbar da sein lässt und erforschst, desto mehr wirst du entdecken können, dass du dich selber nicht festzuhalten brauchst. Es ist so, als ob du gewohnt wärest, im Nichtschwimmerbecken immer auf dem Boden zu stehen und zunächst vorsichtig versuchst, einzutauchen und dich tragen zu lassen, immer mehr. Plötzlich entdeckst du: Ah, ich kann schwimmen. Du brauchst die Erwartung, die Absicht, die Reaktion, das Erklären, die Interpretation, die Wünsche gar nicht. Ohne all das lebst du viel glücklicher. Das ist noch nicht das aufgewachte Sein, aber das ist der innere Schritt in die Richtung und es ist das, was dich lebendig werden lässt, eins mit dem Leben. Es ist ganz deutlich: Ohne eins zu sein mit dem Leben, ohne lebendig zu sein, gibt es auch kein Aufwachen. Wenn du abgespalten bist von der inneren Erfahrung, wenn das Dasein verkrampft und künstlich ist, dann gibt es niemals die wirkliche Erfahrung von Unendlichkeit, die wirkliche Erfahrung von Liebe, von Frieden oder die wirkliche Erfahrung von Glückseligkeit. Dann gibt es nur Abgespaltenheit und ein Empfinden von Leerheit, die aber in Wirklichkeit nur innere Abwesenheit ist.

Beten – Stillsein und Einswerden mit Gott

F: *Welche Rolle spielt das Beten beim Aufwachen? Ich denke daran, wirklich um Führung zu bitten, wenn Situationen eintreten, die so nicht zu meistern zu sein scheinen. Ist das dann nicht auch eine Art Hingabe an Gott, ein Aufgeben des eigenen Ichs?*

C: Ja, wunderschön. Das hängt aber davon ab, wie dein Gebet ausfällt. Der evangelische Theologe Dietrich Bonhoeffer, der im KZ ermordet wurde, äußerte einen klugen Gedanken: «Gott gibt mir genug Widerstandskraft, um jede Situation bestehen zu können. Aber er gibt sie mir nicht im Vorhinein. Gäbe er sie mir im Vorhinein, dann würde ich überheblich werden und denken, dass ich es wäre, der alles unter Kontrolle hätte und schaffen würde». Das ist ein sehr kluger Gedanke. Also es hängt davon ab, wie dein Gebet ausfällt.

Das beste Gebet – das war für die Mystiker jeder Religion ganz klar – ist das Stillwerden und Einswerden mit Gott. Sobald du eins bist mit Gott, was brauchst du dann Worte, wer soll dann mit wem reden?

Zunächst gibt es solche Gebete, die Gott bitten, etwas für dich zu tun oder zu richten. Wenn du diese Stufe verlassen hast und dein Gebet noch nicht vollkommene Stille bedeutet, dann gibt es dazwischen noch ein Beten, das schon Ich-los ist. Wenn du betest, dann achte darauf, dass du diese Sphäre des Ich-losen Gebetes betrittst. Ein Beispiel für ein ichloses Gebet ist: «Möge der Kelch an mir vorüber gehen, wenn es denn möglich ist, aber nicht mein Wille, sondern dein Wille geschehe». Du weißt nicht, was für dich am besten ist und noch weniger, was für das Ganze am besten ist. Du weißt auch nicht, warum etwas ist und welche Folgen es hat. Dann kann es noch ein anderes Gebet geben: «Mögen die Dinge so geschehen, wie es dem Einswerden mit der Wahrheit und der Unendlichkeit am besten dient». Man ist also nicht mehr darauf aus, dass der Mann oder die Frau bei einem bleibt oder einen endlich heiratet, sondern man sagt, es möge sich so entwickeln, es möge so sein, dass es dem Finden der Wahrheit und der Unendlichkeit am besten dient. Aber das ist für jede andere Situation genauso anwendbar.

F: *Also, wenn ich das Gebet so gestalte, dass das, was geschieht, dem göttlichen Plan entspricht, dann lasse ich es ja auch offen.*

C: Selbst der Gedanke an einen göttlichen Plan geht schon zu weit. Stell dir vor, Gott ist da und hat gar keinen Plan, wie muss er sich missverstanden fühlen! Beschämt vielleicht! (Lachen) Selbst der Glaube, sicher sein zu können, dass es einen göttlichen Plan gibt, ist schon ein Schritt zu weit. Die innere und spirituelle Erfahrung zeigt deutlich – und das ist Erfahrung – es gibt einen inneren Sog, sowohl eine Sehnsucht, als auch einen fühlbaren und spürbaren Sog in die Unendlichkeit hinein. Weil es die Erfahrung lehrt und es mit den anderen Wahrnehmungen übereinstimmt, können wir sagen, dass die Evolution, der Kosmos und die Erde offensichtlich diese Bewegung zur Realisierung der Unendlichkeit haben. Alles darüber hinaus einen Plan zu nennen, ist eine Betrachtung vom menschlichen Standpunkt aus, von dem aus immer alles geplant sein will, bevor es in die schaffende Tat übergeht.

Der Schmerz und das Nichtwissen

F: *Christian, stell dir vor, du wärst nicht erwacht und du wirst Zeuge eines zwischenmenschlichen Krieges, wirklich psychologischen Terrors. Würdest du dich dann einfach hinsetzen und still sein?*

C: Wo soll denn der Unterschied sein, ob ich das als unerwachter oder erwachter Mensch sehe?

F: *Ich denke schon, dass das ein großer Unterschied ist, weil du, wenn du erwacht bist, einfach die Erkenntnis hast, dass es nicht wirklich ist, wie du immer sagst.*

C: Aber was bedeutet es, dass es nicht existiert? Gar nichts bedeutet das, solange es nur ein Gedanke ist. Wenn ich den Krieg sehe, habe ich in der gleichen Weise den Schmerz zu tragen und die Verzweiflung, so wie jeder andere Mensch auch, da ist kein Unterschied. Vielleicht ist der Schmerz sogar noch größer, weil die Erkenntnis, dass die Ursache des Krieges in der Habgier und dem Hass und diese in der Ichhaftigkeit begründet sind, dass damit der Krieg nicht nötig wäre und dass es eine Lösung gibt, vielleicht noch mehr Schmerz auslöst, wer weiß?

F: *Also das heißt, dass man dann in solchen Momenten in Stille geht?*

C: Ganz im Gegenteil! Du nimmst den Krieg wahr und du wirst eins mit dem unermesslichen Schmerz, den der Krieg auslöst. Du gehst nicht in die Stille, du bist still! Das heißt, du schiebst den Schmerz nicht beiseite und du wirst nichts damit machen. Dann zeigt sich die Stille als die Grundlage, als das, worin alles auftaucht, auch dieser Schmerz und dieser Krieg. Und du bist mit allem einverstanden: Du bist einverstanden damit, dass es den Krieg gibt. Du bist einverstanden mit dem Schmerz, den der Krieg auslöst. Du bist einverstanden – mit der Sehnsucht nach dauerhaften Frieden, nicht nur dem Frieden des Absoluten, sondern auch dem Frieden in der materiellen Welt und du bist einverstanden mit der Ohnmacht, dass der Krieg nicht verhindert werden konnte. Du bist einverstanden mit all dem und nicht nur mit einem Teil davon. Du bist nicht nur einverstanden mit dem Äußeren, sondern auch einverstanden mit dem Inneren. Gleichzeitig enthältst du dich eines Urteils, weil du auch angesichts des Krieges die wichtigsten Fragen nicht wirklich weißt. Du weißt nicht, warum es so viel Leid auf der Erde gibt, aber du weißt auch nicht, ob aus dem Schlimmen nicht mehr Gutes entsteht als aus dem Guten! Du weißt es einfach nicht. Indem du dir dieses Nichtwissens bewusst wirst, verbietet sich jedes Urteil.

F: *Manchmal braucht man in bestimmten Situationen eine Handlung und wenn die nicht vom Kopf, nicht vom Ich her kommen soll, dann ist es doch richtig, die Situation abzugeben und die Führung dafür zu suchen, das Richtige zu tun.*

C: Das Beste ist, du wirst stiller und stiller, dann kann eine Handlung von alleine auftauchen. Dabei machst du die Erfahrung, dass es keinen Handelnden aber sehr wohl eine Handlung gibt. Aber auch die wirkliche religiöse Haltung, über die wir vorher sprachen, kann eine sehr heilsame Wirkung haben. Wenn da etwa der religiöse Mensch, für den Gott eine innere Präsenz hat, betet: „Herr, lass die Menschen mehr nach Deinem Willen handeln", oder: „Gib mir die richtige Handlung ein", dann ist das ein Gebet, das diesem tiefen mystischen Sinn entspricht, weil es ein Zurücktreten des Ichs bedeutet. In dieser Hinsicht enthält die Religion, wenn man sie ernst nimmt, eine Vielfalt von Haltungen, die (manchmal unter anderem Namen) unserem grundlegenden mystischen Herangehen entsprechen oder in dieselbe Richtung gehen, in die Richtung von Ichlosigkeit, Hingabe und die Überantwortung des eigenen Willen an die größere Macht. Hier gibt es viel Positives zu entdecken.

Es gibt Gott und es gibt ein Gottesbild. Das Gottesbild ergibt sich aus einem bestimmten Rollenverständnis, das ich aus einer kindhaften Wahrnehmung der Welt herleite. Gott als der liebe Vater oder der böse Vater, als der fürsorgliche oder bestrafende Gott, als die gebende und haltende Mutter, oder als der König, der Herrscher, gegenüber dem ich der Knecht bin, der Richter oder andere Rollen. Rollenzuschreibungen machen Gottesbilder. Sie sind aus dem Wunschdenken und der menschlichen Phantasie entsprungen. Als bewusst wurde, dass diese Gottesbilder selbst gemacht sind, wurde schnell die Konsequenz gezogen: Ah, Gott ist nur ausgedacht. Aber das sind zwei verschiedene Dinge. Die Gottesbilder sind ausgedacht. Diese stiften mitunter mehr Unheil als Nutzen. Aber ob darum Gott, das Schöpfende oder der Grund des Seins ausgedacht ist, ist ein völlig anderes Thema.

Der schaffende Gott und der göttliche Grund

F: *Mir fällt gerade der Satz eines Theologen ein: Es gibt die Alpen, es gibt den Bodensee, Gott gibt es nicht, Gott geschieht.*

C: Und wie hast du diesen Satz für dich verstanden?

F: *Dieses enge Bild von dem alten Vater oder auch dem, der am Kreuz hängt, hat sich dann aufgelöst.*

C: Wo hinein aufgelöst?

F: *Ich könnte sagen, in die Unendlichkeit. Ich habe plötzlich davon keine Vorstellung mehr gehabt.*

C: Ja, aber diese Lösung, «Gott ist das, was geschieht», greift zu kurz. Denn was geschieht mit Gott, wenn das Universum zusammenfällt, wenn also nichts mehr geschieht? Diese Idee, Gott ist, was geschieht, begründet eine Religion, die ohne Gott auskommt. Da wird das Transzendente, die Unendlichkeit nämlich, von der du gerade sprichst, zurechtgestutzt auf die Beziehung der Menschen untereinander und zur Natur, oft auch reduziert auf ein freundliches und friedvolles miteinander Umgehen und Geschehenlassen. Dieses materielle Geschehen, das den Körper nährt und am Leben erhält, der Sauerstoff und all das, das ist zwar Gott, aber nicht allein. Sonst bleibt in der modernen Religion nichts mehr übrig als engagierter Humanismus. Das Bittere daran ist, wenn die Transzendenz erst mal über Bord ist, dann ist die Mystik auch verschwunden. Dann ist dem Menschen der innere Weg in die Tiefe versperrt. Dann gibt es nur noch ein dankbares Dasein in der mich nährenden und erhaltenden Erde, aber kein All-Einiges-Sein.

F: *Liebe ist letztendlich auch etwas, was geschieht.*

C: Die geschehende Liebe ist die menschliche Liebe. Die göttliche Liebe geschieht nicht. Sie ist, was du wirklich bist. Sie ist tatenlos, absichtslos, geschehenslos. Bei Meister Eckhart finden wir beispielhaft diese Unterscheidung, die es in jeder grundlegenden Mystik gibt: Die Unterscheidung des geschehenden und schöpferischen Gottes von dem ungeschehenen Gott, dem ungeschaffenen göttlichen Grund, dem Transzendenten, dem Absoluten und der Unendlichkeit. Das Wort «Gott ist, was geschieht», wird allzu oft gebraucht im Verständnis von: „Wir kümmern uns um diese Erde“ – was wichtig genug ist – aber im Sinne von «Gott ist die Erde, wie sie sich entfaltet». Dadurch wird die Transzendenz über Bord geworfen. Das reklamiert zwar die Aufklärung für sich, ist aber eine Reduktion um die mystische und wirkliche innere Perspektive. Aber für dich, wie du es verstanden hast, war der Satz heilsam.

F: *Geht das Ego aus der Unendlichkeit hervor?*

C: Die Unendlichkeit wäre nicht unendlich, wenn nicht alles, was da ist, in ihr enthalten wäre und aus ihr hervorginge.

F: *Wenn das Ich aus der Unendlichkeit hervor geht, ist doch letztlich alles, auch das, was Leid erzeugt, von der Unendlichkeit und nicht durch das Ich erzeugt.*

C: Indem du diesen Gedanken sagst: „Alles ist durch die Unendlichkeit erzeugt, selbst das Ich, also ist auch alles, was durch das Ich erzeugt ist, durch die Unendlichkeit erzeugt“, unterlegst du dem einen kausalen Zusammenhang.

F: *Aber wie kann der denn nicht vorhanden sein, wenn alles aus der Unendlichkeit hervor geht?*

C: Das kausale Verständnis ist nur ein Teil des Gesamtverständnisses! Der menschliche Verstand bemüht sich redlich – aber immer nur als Annäherung – diesen Wirkungsweisen nahe zu kommen. Aber die Kausalität ist sicher nur eine partielle Wirkungsweise.

Ich gebe dir ein einfaches Beispiel. Da ist ein Vater, der einen sechs Jahre alten Sohn hat. Das Kind will Inline-Skates fahren. Der Vater weiß schon, dass es – wenn er ihm das erlaubt – irgendwann mit blutenden Knien oder mit Schlimmerem nach Hause kommen wird. Außerdem fährt der Junge dann da hin, wo die anderen Kinder sind, die nicht nur Inline-Skates fahren, sondern auch an ihren Zigaretten nuckeln. Wenn der Vater das Kind liebt, soll er es zu Hause einsperren oder soll er sagen: „Geh', in Gottes Namen"? (Lachen) Wenn das Kind jetzt mit blutenden Knien nach Hause kommt, wirst du sagen: „Die Ursache davon ist die gewährende Haltung des Vaters?" Ja und nein. Sogar bei diesem einfachen Bild siehst du, dass so eine einfache Kausalität nicht erfassen kann, was geschieht! Der menschliche Geist, das Ich, wünscht sich immer Kausalitäten. Aber sobald wir das Dasein anschauen, sehen wir, dass wir mit den einfachen Kausalitäten nicht weiter kommen. Es ist zu komplex, als dass eine einfache Kausalität die Dinge erklären könnte.

F: *Ich habe versucht, mir vorzustellen, dass es auf der Welt überhaupt kein Ich mehr gäbe, was wäre dann?*

C: Wahrscheinlich würde das die Nichtexistenz des Materiellen bedeuten. Wenn das Ich nicht da ist, gibt es keine Trennung zwischen dir und dem Absoluten. Dann ist alles Gott. Doch jetzt gibt es gewissermaßen auf der phänomenalen Ebene eine Trennung und die entfaltet sich im Reich des Traumes, der Phantasie. Wenn das wegfällt, gibt es das, was es jetzt auch nur gibt, nur Gott, nichts sonst.

F: *Christian, glaubst du, dass es irgendwann mal kein Ich mehr gibt?*

C: Von welcher Basis aus sollte ich diese Antwort geben? Ich-lose Welt ist ein Widerspruch in sich selbst, da die materielle Sphäre nur in Dualität existieren zu können scheint. Stephen Hawking, der große Physiker, hat mal gesagt, er könnte die Zwangsläufigkeit der Existenz der materiellen Welt mathematisch beweisen, da das Absolute bei hinreichender Zeit notwendig eine materielle Manifestation zur Folge haben müsste. Aber auch das löst nicht die Grundfragen der Existenz und das ist einfach nur ein Ausdruck davon, dass wir es nicht wissen und nicht wissen können. Auch wenn wir sehen, dass sich das Bewusstsein der Menschen entwickelt – und entwickeln muss – gibt es keinen wirklichen Grund, anzunehmen, dass demnächst alle nur noch meditieren oder gar erleuchtet sind und alles andere verschwindet. Im Zurückschauen auf die Geschichte ist es ernüchternd, wie oft es diesen Glauben schon gegeben hat. Ob das jetzt das Reich Gottes auf Erden, das Zeitalter des Heiligen Geistes, das Messianische Zeitalter oder Wassermannzeitalter genannt wurde, das unmittelbar bevor stünde, immer gab es diesen Traum vom unmittelbar bevorstehenden Goldenen Zeitalter. Wenn man das in der Geschichte sieht, wird man schon deswegen skeptischer gegenüber diesen Vorstellungen. Dieser Traum ist Ausdruck der tiefen Sehnsucht, die jede und jeder hat. Die Sehnsucht nach Erfüllung, Ganzheit und Eins-sein. Das Paradies ist jetzt schon da, es kann durch die Reise nach Innen gefunden werden, nicht durch die äußeren Umstände.

Die Welt – ein Betriebsunfall?

F: *Ich gehe davon aus, dass diese Welt und damit auch das Ich einen Sinn hat. Warum sollte ich es dann verändern? Oder ist die Welt ein Betriebsunfall?*

C: Oft ist der Sinn an die Veränderung gebunden. Wenn wir zum Beispiel davon ausgehen, dass das Holz dazu da ist, uns im Winter zu wärmen, dann erfüllt es gerade durch die Veränderung seinen Sinn! Es transformiert Materie und setzt Wärme frei. Einen Sinn zu haben bedeutet ja nicht, dass etwas deswegen nicht verändert werden sollte. Der Sinn von Krücken ist, dass sie dem Bein Halt geben. Wenn ich sie aber zu lange benutze, dann heilt das Bein nicht, weil die Knochen, um wachsen zu können, auch eine Belastung brauchen. Genauso abwegig ist es aber auch anzunehmen, die Welt sei eine Art Betriebsunfall. Und wenn beides Konzepte wären? Was wäre, wenn du beide Konzepte über Bord wirfst und schlicht fragst: „Wohin führt mich meine Erfahrung und wo lande ich jetzt?“ Das ist die beste Haltung.

Muss ich allem zustimmen?

F: *Du sagst oft, man sollte bereit sein, auch dem Tod ins Auge zu schauen und ich habe dich so verstanden, dass man bereit sein sollte, auch anderen Sachen, die auf einen zukommen, zuzustimmen, bereit dafür zu sein. Wenn ich mir jetzt das Schlimmste vorstelle, was auf mich zukommen könnte, dann merke ich, ich bin nicht bereit dazu, ich kann dem nicht zustimmen. Jetzt ist meine Frage, ist es wirklich notwendig, dass ich mir Dinge vorstelle – und ich habe ein paar Punkte, die mich wirklich sehr, sehr ängstigen – die vielleicht nie wirklich auf mich zukommen? Reicht es nicht, wenn ich dem zustimme, was jetzt aktuell für mich da ist? Oder auch meiner Vergangenheit?*

C: Das ist eine sehr gute Frage, weil sie mehr oder weniger jeden bewegt. Die Antwort ist, es reicht nicht! Aus zwei Gründen. Zum einen bist du nicht getrennt von allen anderen Wesen in der Vergangenheit, Gegenwart und Zukunft. Die ganze Menschheit mit allen Erfahrungen, die diese Menschheit gemacht hat, ist in dir enthalten als deine Eltern, Ahnen, Urahnen, Kinder und Kindeskinder. Wir sind mit allen anderen Menschen verwandt und verschwägert. Wenn du also eine mögliche Erfahrung für dich ausklammern möchtest, dann klammerst du einen Teil der Menschheit aus, und das steht dem Aufwachen definitiv im Wege.

Zum anderen aber steht dem Aufwachen im Wege, wenn du für die Zukunft etwas erwartest. Erwartungen an die Zukunft bedeuten selbstverständlich auch, für die Zukunft etwas ausschließen zu wollen, etwa eine bedrohliche Erfahrung. „Ich will allem zustimmen, bloß nicht, dass ich erblinden könnte." Spürst du, was sich an deiner inneren Haltung verändert? Es verkrampft dich, sofort! Sagst du stattdessen: „Was auch immer passiert, ich will dem zustimmen", spürst du gleich, wie du dich entkrampfst, du wirst freier.

Übung: Trance

Ich mache zu diesem Thema eine kleine Übung für alle: Sag dir zuerst den ersten der beiden Sätze - jeder kann das machen - setze ein, was für dich das Schrecklichste ist. «Allem will ich zustimmen, bloß nicht dem». Probier aus, was das mit dir macht. Krebs haben, Aids haben, ans Kreuz genagelt werden, erblinden, in der Gosse landen - das ist für viele ein schreckliches Bild, obwohl das wirklich nicht das Schrecklichste ist, was man sich ausmalen kann. (Lachen)
(Pause)

So, und nun nimm den Satz «Was auch immer in der Zukunft geschieht, ich stimme dem zu». Wenn du jetzt nicht ganz zustimmen kannst, dann kannst du den Satz etwas abwandeln: „Ich stimme dem zu oder wünsche mir die Kraft, dem zustimmen zu können." Sag diesen Satz und nimm wahr, was er mit dir macht. Merkst du den Unterschied?

Was ist deine schlimmste Phantasie für die Zukunft?

F: *Ich habe so zwei, drei. Die Zweitschlimmste ist tatsächlich, obdachlos zu werden und in der Gosse zu landen. Frieren finde ich ganz schlimm!*

C: Also geh in die Wärmestube - ein entsetzliches Wort. Die können gar nicht alle abgelegten Kleider gebrauchen, die sie gespendet bekommen. Zu frieren brauchst du nicht! (Lachen)

Es gibt ein sehr lehrreiches Bild zum Tod des Erfrierens. Wenn du von einer Lawine verschüttet wirst, ist die natürliche Reaktion, dagegen anzukämpfen. Indem du das tust, reduzierst du deine Überlebenswahrscheinlichkeit um fünfundneunzig Prozent. Wenn du nicht dagegen ankämpfst und in der kleinen Höhle, die sich gebildet hat, innerlich und äußerlich so bewegungslos bleibst, wie du kannst, sind die Chancen groß, dass der Suchtrupp dich nach einer dreiviertel Stunde findet. Indem du nicht dagegen ankämpfst, sorgt der Organismus dafür, dass es Hormonausschüttungen gibt, dass du dich nicht verkrampfst, dass der Organismus die Prozesse erfährt, die da geschehen. Das Leid ist wirklich die Verkrampfung!

Es ist gut, einmal ein Obdachlosenzentrum zu besuchen! Die Menschen leben mit diesen grauenhaften Phantasien und fragen niemals einen Obdachlosen, wie es wirklich für ihn ist!

Akzeptieren und zustimmen

F: *Meine größte Angst ist, gefoltert zu werden. Ich wüsste nicht, wie ich dem zustimmen sollte.*

C: Warum nicht zustimmen?

F: *Weil ich es nicht will, ich will es nicht haben!*

C: Da passiert Vieles, was wir nicht haben wollen.

F: *Was heißt zustimmen?*

C: Zustimmen heißt, ich akzeptiere, dass es da ist und ich stimme dem zu, dass es da sein darf. Das ist ein wichtiger Unterschied! Nur akzeptieren, dass etwas da ist, ist zu wenig. Ich stimme dem zu, dass es da sein darf, dass geht noch um einen wichtigen Schritt darüber hinaus. Ich weiß, dass das Geschehen nicht davon abhängt, ob ich ihm zustimme oder nicht, aber es ist mehr als nur akzeptieren, weil das allzu schnell in ein notgedrungenes Erdulden abgleiten kann. Dafür hilft dieser Satz, dass alles so sein darf, wie es ist. Natürlich hast du den Wunsch, dass jede Form von Folter von dieser Welt verschwindet. Es ist gut, sich dafür einzusetzen und dankbar dafür zu sein, dass wir augenblicklich in einer Zeit und einer Region leben, in der es Folter zum großen Teil nicht mehr gibt. Aber wenn es jetzt auf dich zu käme, mit welchen Gedanken lehnst du dann diese Folter, die dir widerfahren soll, ab?

F: *Vielleicht würde ich mich vorher umbringen.*

C: Vielleicht kannst du es nicht, wenn du im Gefängnis bist. Aber du hast auch jetzt nur die Möglichkeit, zu akzeptieren und zu ertragen, dass es Menschen auf der Welt gibt, die andere Menschen foltern und das sogar mit bestem Gewissen und im Namen ihres jeweiligen Staates.

Es wäre besser, den Schmerz darüber zu fühlen und auch die Ohnmacht und beides anzunehmen. In der Potsdamer Ratsverordnung gab es den Antrag, einmal im Jahr die tibetische Flagge auf dem Rathaus zu hissen zur Unterstützung des Kampfes des tibetischen Volkes um Autonomie. Und dann kommen SPD-Abgeordnete und stimmen dagegen mit dem Argument, das könnte wirtschaftliche Einbußen nach sich ziehen. Das ist traurig! Manchmal können wir etwas dagegen tun, dass sich dieser Wahnsinn verbreitet und durchsetzt. Aber in anderer Hinsicht sind wir ohnmächtig! Wenn du die Augen nicht davor verschließt, spürst du den Schmerz darüber. Die Empörung oder die Wut ist verständlich, aber wenn du in der Empörung bleibst, wirkt sie trennend, weil sie nicht akzeptieren will, dass es so ist wie es ist. Dagegen den Schmerz mit den Opfern und dann auch mit den Tätern zu fühlen, bringt Heilung. Gleichzeitig kannst du dich einsetzen und kämpfen. Dann entdeckst du in dir Frieden. Dieser Frieden breitet sich aus und dieser Frieden ist heilsam. Nur wenn es so sein darf wie es ist, und zwar für dich genau so wie für alle anderen, wird die Trennung zwischen dir und anderen beendet. Das macht dich mitfühlend, menschlich, still, und das bringt dich dem Frieden und dem Aufwachen wirklich näher. Solange du in deinem Geist die Dinge ausschließt, die du nicht haben willst, kannst du nicht für die Erwartungslosigkeit und die Ichlosigkeit, die das Aufwachen beinhaltet, offen sein.

Aber wir merken in dieser Auseinandersetzung, dass sich die Konzepte auflösen lassen – von der Obdachlosigkeit, von den körperlichen Schmerzen – wenn man versteht, dass das Leid durch den Widerstand und die Verkrampfung gegen den ursprünglichen Schmerz hervorgerufen wird. Wir wissen aus Erfahrungen, dass sich Schmerz verändert und abnimmt, wenn wir uns nicht dagegen verkrampfen. So können wir dann eher nachvollziehen, dass ein Mystiker wie der Sufi Al-Halladsch (gest. 922) noch auf dem Scheiterhaufen im Feuer jubilierte und in der Glückseligkeit und der Verzückung das Eins-sein mit Gott besang und Mitgefühl mit seinen Peinigern hatte, die wegen der Trennung von Gott viel mehr leiden würden als er.

Man könnte sagen, wie es manche tun: „Wenn du keine Gedanken mehr hast, hast du auch keine Angst mehr vor der Zukunft, dann hast du auch keine destruktiven Phantasien über die Zukunft." Das stimmt, aber das ist auch zu kurz gegriffen, weil die destruktiven Phantasien oft nur in den Untergrund geschoben werden und dort bleiben. Darum ist es heilsamer, sich die destruktiven Phantasien, die unterbewusst oder halb bewusst bereits da sind, bewusst zu machen und wirklich anzuschauen. So dass man vor nichts einfach die Augen verschließt, sondern stattdessen dafür offen ist, sich mit den geheimsten destruktiven Phantasien auseinander zu setzen. Das ist die heilsamere Lösung. Das bedeutet gleichzeitig, sich den anderen Menschen, die dieses Schicksal haben, vor dem einem selbst so graut, innerlich anzunähern und Mitgefühl mit ihnen zu entwickeln. Es ist gut, sich die destruktiven Phantasien bewusst zu machen und sich zu fragen: „Wovor genau habe ich Angst? Was quält mich daran? Worin besteht das Konzept? Wie geht es den Menschen, die in dieser Situation sind?" Dabei kann innerlich konkret überprüft werden: „Habe ich wirklich keine Erwartungen? Bin ich wirklich offen für alles?"

Partnerübung (wiederholtes Fragen)

Partner A, die spirituelle Freundin / Freund wiederholt immer dieselbe Frage an Partner B: „Was möchtest du auf keinen Fall erleiden müssen?" Partner B antwortet jedes Mal mit dem, was gerade auftaucht.

Nach zehn Minuten sagt die spirituelle Freundin / Freund: „Stell dir vor, dass all das, was du jetzt an Antworten gefunden hast, eintritt. Und dass du gleichzeitig – wodurch auch immer – die Kraft hast, all dem, was eintritt, zuzustimmen. Jetzt finde heraus, was das mit dir macht." (Pause)

C: Was gab es für Entdeckungen?

F: *Ich muss es gleich loswerden, ich fand die letzte Frage am Schluss ganz schrecklich, weil ich das Gefühl hatte, ich kann das überhaupt nicht ertragen. Diese ganzen vorgestellten schrecklichen Dinge waren so fürchterlich. Ich hatte das Gefühl, mich überkommt eine totale Panik und ich hätte eigentlich schreiend hinaus laufen wollen. Ich will es einfach nicht, ich will vorher sterben, bevor das alles passiert!*

C: Okay, mach ein kleines Experiment. Stell dir vor, du triffst Menschen, die all das oder einen Teil davon erleben, was du dir vorgestellt hast. Was würdest du ihnen sagen?

F: *Ich weiß nicht, mir würde nichts einfallen.*

C: Aber zumindest würdest du nicht sofort sagen, bringt euch doch einfach um.

F: *Nein, ich hätte einfach keine Worte!*

C: Es ist gut, dass du nicht „schreiend hinausgelaufen" bist, sondern dass du dich dem Sturm der Panik aussetzt!

F: *Am Schluss bin ich sehr traurig geworden, weil ich dachte, dass ich ja gar keine Chance habe aufzuwachen, kein Recht und keine Möglichkeit, wenn ich das nicht schaffe!*

C: Um so besser, dass es ans Tageslicht gekommen ist, denn sonst bemühst du dich ewig aufzuwachen und verstehst gar nicht, woran es scheitert! Jetzt kannst du dich all dem, vor dem du davon rennst, Stück für Stück und langsam nähern. Denn wir werden nicht mit Allem und Allen verbunden sein, wenn wir verschiedene Schicksale als Möglichkeit ablehnen und abspalten.

F: *Ich war überrascht, als alles das passierte, was ich mir vorgestellt hatte und nichts Schlimmeres mehr passieren konnte. Das war wirklich ein angstfreier Zustand. Doch da ist eine Stimme, die sagt: „Provoziere es nicht! Es gibt selbsterfüllende Prophezeiungen."*

C: Es gibt auch ein anderes Wort: «Wovor du wegläufst, das holt dich ein». Das Vermiedene stellt sich ein, unabhängig davon, ob du es dir vorstellst oder nicht vorstellst. Am besten ist es, diese Übung als einen experimentellen Weg zu verstehen, alle Menschen, egal, was sie erleiden und erfahren, anzunehmen und ebenso alle Schicksale, die es auf der Welt gibt. Es ist am besten, sie nicht mehr zu beurteilen und zu akzeptieren, dass du kein einziges Schicksal beurteilen kannst. Wenn du die Übung auf diese Weise verstehst, wird sich dabei nichts in dir festsetzen.

F: *Ich habe bemerkt, wie ein Sog entstand, und bei der Vorstellung, dass alles eintritt, da zog es mich richtig in die Tiefe. Auf der anderen Seite gab es so einen inneren Widerstand, der sich auch körperlich bemerkbar machte. Einmal der Sog und dann dieser Widerstand dagegen.*

C: Dann stellt sich die Frage: „Wem überlässt du dich, dem Sog oder dem Widerstand?"

F: *Ich habe mich dem Sog überlassen, aber der Widerstand war sehr heftig und ich habe ihn gelassen, wie er ist.*

C: Was sagt der Widerstand, wenn du ihm eine Stimme gibst?

F: *«Ich will nicht!»*

C: Wie ein Zweijähriger, der auf den Boden stampft?

F: *So fühlt sich das an, aber sehr kraftvoll.*

C: Du musst ihm ein Gummibärchen geben, das ändert alles! (Lachen)

Das Bild meint, dass du gegen den Widerstand nicht anzukämpfen brauchst.

F: *In meiner Phantasie sind schreckliche Bilder entstanden, die sich der Zustimmung einfach entziehen, also Bilder von Folterungen, dass meine Augen ausgestochen werden und Körperteile abgeschnitten werden. Ich hoffe, das ich in der Situation keine Zeit mehr habe, dem zuzustimmen!*

C: Es kommt auf deine Haltung an, nicht darauf, wie viel Zeit du hast! Zustimmen, wenn du vorher nicht gefragt wirst. Sogar dem zustimmen, dass du keine Zeit hast, zuzustimmen.

F: *Das ist aber nicht mehr verstandesmäßig verstehbar, oder?*

C: Doch! Du kannst deine innere Haltung gegenüber diesen Ereignissen überprüfen – der Gewalt in der Welt, auch wenn sie Schmerz und Empörung auslöst, wenn sie bitter ist – dieser Gewalt in der Welt kannst du zustimmen und auch dem Schmerz, den diese Gewalt auslöst.

F: *Mir kommt es so vor, als gäbe es Grausamkeiten, denen ich nur mental zustimmen kann.*

C: Es ist nur dann mental, wenn du es von dir weg hältst. Wenn du es näher an dich heran kommen lässt, dann bist du dir bewusst, dass jeden Tag diese Grausamkeiten in der Welt geschehen. Dann lösen sie Gefühle aus, Schmerz darüber, dass diese Gewalt geschieht.

F: *Bei mir war das jetzt Angst.*

C: Es ist die Angst vor den Grausamkeiten oder die Angst vor dem Schmerz über die Grausamkeiten. Auch damit kannst du still werden. Im Buddhismus gibt es eine grundlegende Praxis, die, wie fast alle diese Praktiken, mental ist. Dem Inhalt nach geht diese Praxis so, dass du dir vorstellst, mit dem Einatmen alle schlimmen Erfahrungen, Übel, Krankheiten, die andere Menschen erleben, selber zu übernehmen und mit dem Ausatmen alles Schöne, das du hast, den anderen Menschen zu geben.

Diese Übung ist, wie viele Meditationen im Buddhismus, sehr mental, aber vom Inhalt her meint sie dieselbe Auseinandersetzung, um die wir uns gerade bemühen.

F: *Mir hat die Übung gut getan, es bezog sich auf meine Familie und ich habe festgestellt, dass es eine Projektion ist! Es reicht nicht, es als Projektion zu erkennen, oder?*

C: Was wir uns vorstellen, ist niemals das, was geschieht. Nicht, weil die Umstände nicht eintreffen könnten, sondern weil zum Beispiel das Blindsein ganz anders sein würde, als wir es uns ausdenken. Auch weil jede Situation nicht nur etwas Schlimmes ist, sondern immer auch ein Segen! Jede Situation ist auch ein Segen! Natürlich, indem wir uns mit den Phantasien auseinander setzen, entdecken wir um so deutlicher, dass wir im wahrsten Sinne des Wortes über die Zukunft nichts wissen. Selbst wenn wir obdachlos und gleichzeitig blind würden, wüssten wir immer noch nicht, was wir da erleben und erfahren würden, wenn wir uns dem hingeben und öffnen würden und alles auf uns einwirken ließen. Wir wissen es nicht!

Stephen Hawking, der Physik an der Universität lehrt und Bücher schreibt mit Hilfe komplizierter Computer, der nicht einmal mehr seine Augenlider bewegen kann, ist sehr glücklich über seine Krankheit und möchte sie nie missen, weil die Krankheit ihn zum inneren Frieden geführt hat. Es sind Überlebende von Konzentrationslagern gefragt worden, ob sie es lieber gehabt hätten, wenn das in ihrem Leben nicht stattgefunden hätte. In der Regel war die Antwort die, dass sie es bedauern würden, wenn sie diese Erfahrung nicht gemacht hätten, trotz des Schreckens und des Grauens.

Wenn wir uns also der Tatsache bewusst sind, dass erstens die Vorstellung nur eine Vorstellung ist und zweitens jede Situation mehr davon bestimmt wird, ob ich dagegen ankämpfe oder ob ich sie annehme als davon, was in der Situation geschieht, dann entdecke ich, dass es mehr darauf ankommt, meine innere Haltung zu verändern, um meine Zukunft zu beeinflussen, als irgendwie auf die äußeren Ereignisse zu schauen.

Viele AIDS-Kranke, die kurz vor dem Tod stehen, sagen, dass – so bitter die Krankheit auch sei – dieses letzte Jahr für sie wertvoller, erfüllter und lebendiger war als die 30 oder 40 Jahre vorher und, dass sie insofern für die Krankheit dankbar waren, selbst angesichts des bevorstehenden Todes. Es gibt wirklich sehr, sehr deutliche Belege dafür, dass die äußere Situation nicht ausschlaggebend ist.

Die Ichlosigkeit beginnt da, wo ich mich mit allen anderen Menschen in der Weise verbunden fühle, dass ich gewissermaßen bereit wäre, jedes Schicksal, das irgendwo auftaucht auf der Welt, auch für mich zu akzeptieren. Damit ist der Satz: «Was du nicht willst, das man dir tut, das füg´ auch keinem and´ren zu», gewissermaßen ergänzt durch den Satz: «Alles, was irgendeinem anderen geschieht, mag mit gleichem Recht auch mir geschehen». Man merkt dann, es hört auf, persönlich zu sein.

Es hört auf, ichhaft zu sein, ich will gewissermaßen nicht mehr meine eigene Haut retten.

F: *Ist es nicht so, dass ich mich auch mit der Seite der Täter identifizieren muss? Wenn ich dahin gucke, bin ich auch gezwungen, mit den Tätern zu fühlen!*

C: Ja, genau! Auch diesen Schmerz fühlen.

F: *Wenn ich das höre, wo bleibt dann meine Wahl, das klingt sehr fatalistisch!*

C: Du hast eine Wahl bezogen auf deine innere Haltung. Auch wenn du die Situation nicht beeinflussen kannst, kannst du dagegen ankämpfen, indem du es nicht haben willst, oder du kannst zustimmen und bewusst «ja» dazu sagen. Das sind Dinge, die du wählen kannst und das macht den Unterschied. Du musst nicht die leidvollere Sache wählen. Niemand braucht Situationen bewusst aufzusuchen, in denen Leid auf ihn zukommt.

F: *Mich beschäftigt dieses «Ja-sagen». Ich erlebe, dass ich es versuche, aber es ist eine mentale Aktion. Ein «Ja», das ich erlebt habe, kommt meistens erst dann, wenn der Schmerz gefühlt ist und ich nichts dagegen tue, und dann, wenn ich ganz weich und in meinem Herzen bin, dann entsteht ein «Ja», das nicht aus dem Kopf kommt, nicht mit Buchstaben, sondern innen. Oft fühle ich es aber nicht und versuche trotzdem «ja» zu sagen.*

C: Das «Ja-sagen» ist keine Verstandestätigkeit, das ist ganz klar.

F: *Und wenn ich versuche, in einer Situation eine zustimmende Haltung einzunehmen und mir sage: «Du stimmst dem zu», aber bemerke, dass ich nicht zustimmen kann?*

C: Dann hast du schon begonnen, dich damit auseinander zu setzen. Du kannst dir die Fragen stellen: „Woher nehme ich das Recht, dagegen zu sein? Woher weiß ich, dass es richtig ist? Was bedeutet es mir, dass andere Menschen diese Situation erfahren müssen?" All diese Fragen, die wir hier durchgehen, gehst du mit dir selber durch, und dann verändert sich deine Haltung. So geschieht Veränderung. Alles ist ein Prozess, alles, was nicht sofort da ist, braucht einen Prozess.

F: *Ich habe gespürt, wie viel Anstrengung es kostet, die ganzen Ängste nicht mehr denken zu wollen und wenn das alles im Alltag präsent ist, wie viel Kraft in die Vermeidung geht. Ich sehe keinen Sinn mehr darin, gegen die Ängste anzugehen.*

C: Gut, wenn du alles akzeptierst, wie es ist, dann steht dem Aufwachen nichts mehr im Weg. Wenn du dann am Rand dieses inneren Abgrunds stehst, dann gehe einfach einen Schritt weiter.

Allen Grausamkeiten der Welt zustimmen?

F: *Ich empfinde als Hindernis, dass ich den Grausamkeiten in der Welt nicht zustimmen kann. Ich finde damit keinen Frieden, da ist wahnsinnige Angst. Ich habe im Moment eher das Gefühl, dass ich mich entferne.*

C: Welche Haltung nimmst du gegenüber diesen Grausamkeiten ein?

F: *Dass sie weg sein sollen, sie sollen verschwinden!*

C: Was ist es genau, was es dir unmöglich macht, dem zuzustimmen?

F: *Ich finde es unnatürlich, unmenschlich, dem zuzustimmen!*

C: Wenn es unmenschlich wäre, würde es zum Menschsein nicht dazu gehören, aber es gehört zum Menschsein dazu. Tiere können nicht grausam sein. Tiere können andere Tiere auffressen, um ihren Hunger zu stillen, aber sie sind nicht grausam um der Grausamkeit, der Habgier und der Machtgier willen. Deswegen trifft es eigentlich nicht zu zu sagen es ist unmenschlich, denn es ist gerade etwas, dass dem Menschen zukommt. Jetzt müssen wie die Art des Widerspruchs genauer erforschen. Auf welche Weise widersprichst du dem? Der Wunsch, die Grausamkeit zu beenden, gehört genauso zum Menschsein.

F: *Es ist so schmerzhaft, es zu erleben, es fühlen zu müssen.*

Übung: dem Schicksal und der Erde zustimmen

C: Ich mache mal mit allen eine Übung dazu:

Ihr könnt alle eure Augen schließen und auf diese Erde schauen mit allem, was ist, mit allen Grausamkeiten, die wir sehen und wahrnehmen...(Pause)

Dann kannst du den Blick weiter werden lassen, über diese Erde hinaus, dahin, wo das Größere ist, das Absolute, das, was das Schicksal der Erde trägt. Und jetzt kommt es darauf an, welche Haltung du einnimmst gegenüber diesem Größeren. Erforsche das möglichst genau! Haben wir das Recht, es anzuklagen? Haben wir die Möglichkeit, es besser zu wissen?

Und was macht es mit uns, wenn wir uns gewahr sind, es nicht zu wissen und nicht wissen zu können und dennoch, ohne zu wissen, keine andere Möglichkeit haben als zuzustimmen? Was macht es mit uns? (Pause)

F: *Mir kam nur der Gedanke, ich bin machtlos dagegen. Es ist egal, ob ich mich dagegen aufbäume oder es akzeptiere, es ist so, wie es ist.*

C: Du bist machtlos gegenüber dem, was ist, aber es macht einen gewaltigen Unterschied, ob du dagegen ankämpfst oder ob du dem zustimmst. Indem du zwischen den beiden Möglichkeiten wählen kannst, hast du eine ungeheure Macht!

F: *Es geht mir besser dabei, wenn ich es akzeptiere, ich mache mich nicht mehr kaputt.*

C: Genau! Du machst weder dich noch die anderen damit fertig!

Scham

F: *Mein innerer Widerstand, der Kleine in mir, der sagt: „Ich will nicht!", scheint wirklich mein größtes Hindernis zu sein. Als wir gestern die «worst-case-Übung» gemacht haben, mit dem Schlimmsten, das eintreten könnte, da ging es mir richtig schlecht. Ich hatte Kopfschmerzen, habe es über mich ergehen lassen und mich hingelegt.*

C: Was sagt dieser Widerstand, wenn du ihm eine Stimme gibst?

F: *Ich will den Schmerz nicht fühlen und ich will die Scham nicht fühlen. Ich will nicht an den Pranger gestellt werden.*

C: Diese Scham ist uralt, die Scham, ausgelacht zu werden, beschämt zu werden. Das unglaublich Schöne am Enneagramm ist die Erkenntnis, dass jeder seine Ich-Fixierung hat und jede Fixierung ist entsetzlich. Wir können uns alle begegnen und uns offen ins Gesicht sehen, weil wir wissen, dass jeder von uns einfach mit dieser Charakterfixierung da ist. Dadurch braucht man nichts zu verheimlichen und dadurch braucht sich niemand über die anderen zu erheben und niemand muss sich verstecken, sondern wir können es uns miteinander ansehen. Und dadurch verschwindet die Scham.

F: *Wenn ich so persönliche Dinge von mir mitteile, ist die Scham da.*

C: Mach die Augen zu und schau dich als den kleinen Dreijährigen an. Sage ihm: „Du bist in Ordnung, alles an dir, so wie es ist, ist vollkommen liebenswert." (Pause)

F: *Zum Teil kann ich das annehmen und zum Teil kommt sofort dieser Widerstand.*

C: Mache in den nächsten vier Wochen folgende Übung für dich selber oder in der Partnerarbeit: Setz dich zuhause an einen guten Platz und begegne in der Phantasie deinem inneren Kind in den verschiedenen Altersstufen. Du kannst das entweder so machen, dass du ein Gespräch mit ihm führst, eine halbe Stunde, mit einer Tasse Tee, und wirklich innerlich mit ihm sprichst, mit dem Fünfjährigen, mit dem Sechsjährigen, wie er in die Schule kommt. Oder du schreibst ihm einen Brief. Aber ich denke, das innere Sprechen mit ihm ist noch besser. Und dann könnt ihr in der Partnerarbeit über deine Erfahrungen sprechen.

F: *Danke!*

F: *Ich habe zuhause noch einmal weiter damit gearbeitet, was ich auf keinen Fall erleiden will. Ich habe die Obdachlosigkeit genommen und die Vorstellung, in einer halben Stunde zu sterben. Ich habe erlebt, dass das ganz leicht war. Ich wollte mich noch von zwei, drei Menschen verabschieden, telefonisch und noch zwei, drei Sachen erledigen, das ging ganz einfach! Dann habe ich mir das mit der Obdachlosigkeit noch mal angeschaut. Da kam die totale Panik, ich habe mir vorgestellt, dass ich in der nächsten halben Stunde aus meiner Wohnung fliege.*

C: Du bekommst auch eine Hausaufgabe. In der Nachodstraße gibt es eine Wärmestube, einen Obdachlosen-Treff. Du backst zwei Torten und spendest die und fragst, ob du an der Weihnachtsfeier teilnehmen darfst. Das ist wirklich eine wichtige Erfahrung!

F: *Das Thema Scham hat mich ganz stark berührt, ich kann kaum die Augen aufmachen. (Weint) Ich habe Angst, so gesehen zu werden wie ich bin.*

C: Da ist der Wunsch und die Angst, gesehen zu werden. Menschen spielen alle die Rolle, mit der sie sich glauben, zeigen zu können.

Das ist eine unausweichliche Tragödie, weil sie dann mit dieser Rolle gesehen werden, aber sie spüren innerlich, dass sie nicht wirklich gesehen werden. Mit dieser Rolle haben sie genau das geradewegs verhindert. Dein Wunsch ist, wirklich gesehen zu werden, so wie du wirklich bist. Und was du wirklich bist ist Leere, Liebe und Bewusstsein – unter dem ganzen Drama und Theater und der aufgebauten Kulisse.

F: *Dem kann ich zustimmen und gleichzeitig bemerke ich ein Hin-und-Her-Gerissensein. Ich konnte gestern kaum durch die Tür gehen. Das war die Hölle. Dann frage ich mich, was ist meine Rolle? Gleichzeitig spüre ich, dass es mich berührt, das mit der Scham herausgefunden zu haben. Ich spüre, wie anstrengend die Rollen sind. Vor zehn Jahren hat schon ein Therapeut zu mir gesagt, du bist okay, ich solle mich so annehmen wie ich bin.*

C: Du bist nicht okay damit, diese Rollen sind alles andere als okay, das Ich ist nicht o.k.. Diese Rollen und die Fassade sind eine Strapaze für alle, für dich und für die anderen. Wir versuchen mit unserer ganzen Kulisse Anerkennung zu finden, aber das ist nur eine Belastung.

F: *Wenn du das so sagst, weiß ich wieder nichts!*

C: Dieses Ich hat alle möglichen Formen gefunden, um sich in der Welt durchzuschlagen, um die anderen zu manipulieren, charmant zu sein, Tricks zu haben. Es hat eine Kunstfigur erschaffen, jedes Ich. Und diese Kunstfigur ist für alle eine Belastung. Deshalb kannst du dir sagen: „Okay, ich brauche diese Anstrengung nicht mehr! Mit dem, was ich mir da geschaffen habe, muss ich nicht mehr herum laufen, nicht mehr kämpfen, ich brauche das alles nicht mehr."

F: *Und was bedeutet das?*

C: Still zu sein und nichts zu tun!

F: *Egal, was dann passiert?*

C: Genau! Nicht mehr da hinterher zu sein, ob man gesehen wird und Anerkennung findet, es nicht mehr wichtig finden. Den Schmerz, den Stich, den es manchmal noch auslöst, zu fühlen und nichts zu tun.

F: *Es gibt noch etwas in mir, das es nicht glaubt. Es wäre nicht ehrlich jetzt so zu tun, zu lächeln und…*

C: Lass dir Zeit, dich damit auseinander zu setzen! Es wird so viel Verstrickung und Qual abfallen.

Bedürfnisse, Anerkennung und Leistung

F: *Darf ich denn überhaupt Bedürfnisse haben?*

C: Es geht nicht darum, was du darfst oder solltest. Wenn Bedürfnisse da sind, sind sie da und fragen nicht nach ihrer Berechtigung. Aber du brauchst nichts damit zu tun! Dann gibt es Begegnungen mit anderen, vielleicht weniger, aber viel wertvollere, weil sie ohne irgendeinen Aufwand geschehen.

F: *Ich bin völlig durchgeschwitzt vor Angst!*

C: Fühle die Angst, dann verbrennt sie.

F: *Ich fühle aber auch, dass es stiller wird.*

C: Genau, sobald du bereit bist, die Angst zu fühlen, wird es im selben Moment schon still. Und wenn die Angst dann verbrennt, vertieft sich die Stille.

F: *Danke!*

F: *Bei mir ist Anerkennung ganz stark an Leistung gekoppelt, aber eigentlich steckt der Wunsch dahinter, dazu zu gehören. Nicht allein sein zu wollen, das ist mein größtes Hindernis. Ich begann schon ganz früh, die Zugehörigkeit und Anerkennung der Eltern über Leistung bekommen zu wollen.*

Ich war oft nachts auf, so gegen vier. Das war heute auch so und ich habe Angst gehabt, eine bestimmte Arbeit nicht zu schaffen. Ich habe erforscht, dass die tiefere Angst ist, dass ich allein da stehe, wenn ich es nicht schaffe. In der Nacht kam dann die Angst hinzu, dass, wenn ich das alles jetzt tiefer erforsche, ich morgens nicht ausgeschlafen bin.

C: Die Zeiten, in denen du nachts wach bist, sind ausgesprochen wertvoll. Wenn du dann zu wenig Schlaf bekommst, wirst du den Tag anders erleben. Das ist ein Zustand von verminderter Anspannung. Du bist nicht mehr so schnell wie sonst, aber du kannst auf eine spezielle Weise Ruhe und Stille finden. Es ist ein großes Glück, wenn es dir sowohl während der Nacht als auch während des Tages gelingt, nicht dagegen anzukämpfen. Während des Tages bist du dann etwas versunken, du kannst dann manchmal spüren, wie der Körper einschläft und du ganz wach bist. Wenn es nicht über einen längeren Zeitraum geht, dann nimm diese Zeit in der Nacht als ein Geschenk.

Es ist deswegen ein Geschenk, weil die Prozesse anders und die Abwehr geringer sind, so dass man in der Nacht Gefühle fühlt, die man tagsüber erfolgreich unterdrücken kann. So kann man dann, wenn man wach ist, diesen Gefühlen auf eine besonders intensive Weise begegnen. Eine chronische Schlaflosigkeit ist etwas anderes! Da muss man etwas tun, die ursächlichen Themen bearbeiten und vor allem den verdrängten Gefühlen Raum geben. Du gehst der Angst vor dem Alleinsein, vor dem Ausgestoßensein auf den Grund. Die Nacht ist ein guter Zeitpunkt dafür. Es hilft auch, die Worte zu finden, die die Angst oder das Gefühl, das nachts hoch kommt, ausdrücken. Aber nur wenige zentrale Sätze. Wenn man der Angst auf dem Papier eine Stimme gibt, die Sätze, welche die Angst sagt, aufschreibt. Das fokussiert das Gefühl und hilft dann auch wieder einzuschlafen. Aber lass das unwichtig werden! Lass es wirklich unwichtig sein, erlebe die Zeit der Dämmerung. Früher haben die Mönche nachts um zwei den Wecker gestellt, weil diese Zeit so wichtig sein kann!

F: *Alkoholismus ist in meiner Familie ein großes Problem. Meine Mutter rief gestern noch an und scherzte über ihre Flasche Bier und dann waren wir beide traurig und jetzt wird mir gerade klar, dass ich die ganzen Jahre gekämpft habe und eigentlich machtlos bin!*

C: Mach die Augen zu, stelle dir deine Mutter vor und sage zu ihr: „Ich respektiere dein Schicksal, das du trägst bis zum Ende.“ (Pause)

C: Was macht das mit dir?

F: *Es ist okay, es tut nicht mehr so weh!*

C: Schau deine Mutter noch einmal an und sage ihr: „Es tut mir leid, dass ich mich über dich und dein Schicksal erhoben habe!"

F: *Da kommt sehr viel Liebe hoch!*

C: Das ist heilsam. Kinder können niemals die Eltern retten! Niemals. Und wenn sie es versuchen, schaffen sie sehr viel Leid, für sich selbst und für andere, in erster Linie für sich selbst. Das ist eine ungeheure Überheblichkeit, eine Anmaßung, obwohl sie es in Liebe tun und bester Absicht. Gleichzeitig sind sie vollkommen hilflos und ohnmächtig. Dieser Konflikt zwischen Anmaßung und Ohnmacht schafft viel Leid.

F: *Als ich mir das ganze Unrecht und das Leid angeschaut habe und ich sollte dem zustimmen, kam eine Stimme, die sagte: „Du hast kein Recht, dem zuzustimmen, solange du so wenig tust, etwas daran zu ändern." Das wirkt wie ein Hindernis.*

C: Was steht in deiner Macht zu tun?

F: *Viel mehr als ich tue! Wenn ich sehe, was viele andere tun, zum Beispiel ein Freund, der jeden Tag Briefe schreibt, ich hätte auch die Zeit dazu!*

C: Ja, solche Dinge können getan werden. Aber es gibt etwas Wichtigeres, was du tun kannst: In dir anzufangen wirklich dem Frieden Raum zu geben und dann alles zu tun, was du kannst, um aufzuwachen. Durch dein aufgewachtes Sein kannst du der Welt dienen. Es hat viele Revolutionen, viele Organisationen, viele Veränderungen gegeben, die ihren Sinn haben und hatten, aber das Leid in der Welt scheint insgesamt nicht abgenommen zu haben. Es scheint so, als ob die Handlungen, die sich auf die Veränderung der Umstände richten, nicht wirklich erfolgreich sind. Aber was wird geschehen, wenn hunderte, tausende, hunderttausende aufgewachte Menschen an den verschiedenen Stellen wirken? Das scheint erfolgversprechender zu sein. Wenn jemand sich berufen fühlt, in einer Organisation etwas zu tun, kann das daneben Platz haben, aber das Ausschlaggebende ist, mehr für das Aufwachen zu tun und es zu verbreiten. Die Veränderungen scheinen dann grundlegender zu werden. Alles, was sich auf die Veränderung von Umständen richtet, ist zwangsläufig beschränkt.

F: *Ich habe versucht, das mit dem «Ja» genauer zu ergründen. Warum ich mich so schwer tue mit der Zustimmung. Mit zwanzig habe ich das alles noch viel stärker empfunden, wie schlimm es auf der Welt ist. Ich habe einen so starken Wunsch, dass jeder Liebe erfährt!*

C: Ich verstehe dich, aber bei dir ist Schmerz und die Liebe so willkürlich getrennt! Auf dieser Welt scheinen der Schmerz und die Liebe zusammen zu gehören. Die Trennung ist unnötig. Indem wir dem zustimmen, wie es ist, akzeptieren wir unser Nichtwissen. Das macht uns demütig und ist heilend.

F: *Du hast gesagt, Kinder können ihre Eltern nicht retten, aber wir können doch sowieso niemanden retten!*

C: Das stimmt. Aber du kannst deinen Kindern etwas abnehmen und du kannst deinen Kindern etwas geben, deinen Eltern aber nicht. Das zu akzeptieren ist ein ganz wichtiger Punkt. Du hast von deinen Eltern das Leben bekommen und gibst es weiter und unterstützt dadurch das Leben. Alte Eltern zu pflegen ist etwas anderes, das verändert das grundsätzliche Verhältnis nicht. Man muss aushalten, bekommen zu haben, ohne zurückgeben zu können, man muss es nehmen können. Wenn man das verweigert, weil man sich sonst schuldig fühlt, dann verweigert man sich dem Leben und wird immer das Gefühl haben, nicht genug zu bekommen, immer das Gefühl haben, dass das Leben nicht nährend ist. Und das hat gar nichts damit zu tun, ob die Eltern heilig waren, ganz normal oder ganz und gar entsetzlich.

F: *Kinder sind doch auch ein Geschenk!*

C: Natürlich sind sie das und als Mutter oder Vater gibst du mit Freude!

F: *Die zwei Sätze, die du gesagt hast, dass man das Schicksal der Eltern achtet und nicht bewertet oder ändert, gilt das auch für andere Beziehungen?*

C: Das gilt für alle. Auch für Kinder. Es ist ein großer Schmerz, wenn Eltern sehen, dass ihr Kind nicht glücklich ist. Es ist ebenso eine große Herausforderung zu akzeptieren, dass das der Weg dieses Kindes ist. Es ist nicht «dein» Kind und es liegt nicht in deiner Hand. So schnell mischt sich dieser Schmerz mit einer Anklage gegen das Schicksal! Wir klagen an, wenn wir glauben, das Schicksal eines anderen Menschen beurteilen zu können. Aber indem wir das Schicksal eines andern Menschen beurteilen, erheben wir uns über diesen anderen Menschen. Wir nehmen ihm seine Würde. Wir machen ihn klein und uns machen wir groß. Nur indem wir das Schicksal des anderen so respektieren, wie es ist, ohne Urteil und ohne Vergleich, lassen wir ihm seine Würde. Auch ein Vergleich ist ein Urteil. Wir wissen nicht wirklich, ob das Leben des anderen glücklich ist oder nicht.

Alles darf so sein wie es ist

F: *Ich habe noch nicht richtig verstanden, was dieses «nicht nur Akzeptieren, sondern auch Zustimmen» meint. Ich merke, dass ich bestimmten Dingen in der Welt innerlich nicht zustimmen kann. Bewusste seelische Grausamkeit, wie der Mensch den Menschen behandelt oder auch andere Lebewesen, dem kann ich nicht zustimmen.*

C: Du darfst es nicht verwechseln mit gut finden. Die Grausamkeiten sind auch alles andere als richtig, denn die Ursache dafür ist die Ichhaftigkeit und die Ignoranz. Ignoranz, Habgier und Hass, wie Buddha es nennt. Die Wurzel davon ist die Ichhaftigkeit. Die Konsequenzen sind immer wieder entsetzlich.

Es ist merkwürdig, dass trotz der langen Zeit, welche die Menschheit hatte, das Aufwachen noch nicht weiter voran geschritten ist. In Indien geschieht gerade das, was bei uns im sechzehnten und siebzehnten Jahrhundert geschehen ist, nämlich dass die Religiosität in der Gesellschaft an den Rand gedrängt wird, die so genannte Säkularisierung. Auch das müssen wir akzeptieren. Wir wissen nicht warum, wir wissen nicht, wie das geschieht, aber wir sagen, dass es so geschehen darf. Wir stimmen zu und gestehen ein, dass wir es nicht besser wissen, und wir erheben uns darüber nicht.

F: *Ich glaube, das ist der Punkt, den ich im Herzen nicht verstehe. Ich erhebe mich dann doch und sage für mich, ich würde das nicht tun und finde es abgründig und werde völlig fassungslos. Warum darf ich nicht sagen, dass es besser wäre, wenn es keine Folter gäbe?*

C: Natürlich darfst du das sagen, und natürlich darfst du dafür eintreten oder auch kämpfen. Aber auf einer höheren Ebene hört die Bewertung auf, weil du es nicht weißt! Du merkst, dass es Schmerz hervor ruft und Verzweiflung. Du bist bereit, den Schmerz und die Verzweiflung zu fühlen und still zu bleiben und zurück zu treten, im Wissen, es nicht wissen zu können! Weil du nicht weißt, ob aus diesem Schlimmen Gutes und wie viel Gutes erwächst. Lass uns Europa nehmen. Wir sind in Europa in der glücklichen Lage, dass wir bald schon seit zwei Generationen keinen Krieg mehr kennen. Das hatte es in Europa noch nie gegeben, dass es innerhalb einer Generation keinen Krieg gab. Das ist ganz einzigartig! Und wissen wir, ob dafür nicht der entsetzliche Faschismus und der Krieg und das Entsetzen, das die Menschen damals erfasst hat, ursächlich sind? Wissen wir das? Wir können es nicht sagen! Es ist vermessen, es so oder so zu behaupten. Wir sind aufgefordert, unser Nichtwissen zu erkennen!

F: *Aber der Gedanke, dass aus allem Schlimmen etwas Gutes erwächst, ist doch auch nur ein Konzept, der Versuch einer Erklärung.*

C: Ja, das wäre ein Konzept. Aber das habe ich nicht gesagt, ich habe gesagt, dass wir es nicht wissen, ob aus dem Schlimmen Gutes entsteht. Mit der Beurteilung, es wäre besser, wenn etwas nicht da wäre, hast du das Ereignis schon aus seinem Gesamtzusammenhang heraus gerissen.

Auch wenn du anderen Menschen helfen willst, kannst du es nur, wenn du nicht bewertest, was ist. Wenn du in vollkommener

Offenheit und Stille anwesend bist, dann wirkst du, selbst ohne etwas zu tun, auf diese Menschen ein. Vielleicht nur ein bisschen, vielleicht sogar stärker! Dann kann sich etwas bewegen. Aber nicht deswegen, weil du glaubst, dass es besser wäre, wenn etwas nicht so wäre, wie es ist.

F: *Ich darf es trotzdem schrecklich finden, oder?*

C: Natürlich. Und den ganzen Schmerz darüber fühlen. Aber du läufst ganz schnell in diese Falle des Ichs, sich zu erheben «Ihr müsstet es so machen, dann wäre es viel besser für euch» oder sogar zu denken «Wenn ihr bloß ein anderes Schicksal hättet, dann wäre es viel besser». Wenn du genau hin siehst, vermagst du es einfach nicht zu sagen! Jedes Nicht-Einverstanden-Sein mit dem Schicksal anderer ist natürlich eine Anklage gegen das Schicksal.

Mir fällt in dem Zusammenhang die alte chinesische Geschichte von dem Bauern ein, der ein Pferd hat, das eines Tages davon läuft. Am Abend kommen die Nachbarn und bedauern ihn. Er aber sagte nur: „Wer weiß?" Am nächsten Tag kommt das Pferd zurück und bringt ein Wildpferd mit. Abends kommen die Nachbarn und sagen zum Bauern: „Du Glücklicher, erst hattest du nur ein Pferd, und jetzt hast du zwei!" Der Bauer aber sagte nur: „Wer weiß?" Am Tag darauf wollte der Sohn des Bauern das Wildpferd zureiten, stürzte dabei unglücklich und brach sich ein Bein. Abends kamen die Nachbarn und bedauerten den Bauer: „Du Armer, gerade jetzt, wo die Ernte ansteht! Jetzt muss du all die schwere Arbeit alleine machen." Der Bauer aber sagte nur: „Wer weiß?" Wieder am nächsten Tag kamen Offiziere der kaiserlichen Armee ins Dorf und rekrutierten alle gesunden jungen Männer für einen Krieg. Alle Söhne des Dorfes wurden eingezogen, nur der Sohn des Bauern mit dem gebrochenen Bein blieb natürlich zuhause. Abends kamen die Bauern des Dorfes wieder zusammen und sagten zu dem Vater: „Du Glücklicher, dein Sohn braucht nicht in den Krieg und du kannst sicher sein, ihn lebendig zu behalten!" Und wieder antwortete der Bauer nur: „Wer weiß!"

F: *Ich merke, wenn ich das Mitgefühl fühle, das ist genau das, wo ich sein* möchte *und dann gehe ich wieder raus und beurteile und kehre in meine Einsamkeit zurück.*

C: Wozu brauchst du das Beurteilen?

F: *Um in meine Einsamkeit zurückkehren zu können.*

C: Was ist deine Intention dabei?

F: *Das ist das, was ich schon immer kenne.*

C: Und was ist die Intention dabei?

F: *Ich weiß nicht, wie ich aus der Gewohnheit heraus kommen soll.*

C: Ich schlage dir etwas vor, was dich vielleicht überraschen wird, nämlich dieses ganze Thema nicht weiter zu berühren. Du beginnst sonst einen Kampf, der dich noch mehr verkrampft. Ich schlage dir vor, das Thema ruhen zu lassen, und nichts damit zu tun. Du kümmerst dich ums Aufwachen und darum, wie du jede Situation dafür nutzen kannst, tiefer zu kommen. Du bist die Liebe selbst und dein Erfülltsein ist ganz unabhängig davon, ob du schüchtern bleibst oder nicht. Und in dem Maße, in dem du dich den Gefühlen zuwendest, die da auftauchen, um so tiefer kannst du dir begegnen und den Grund finden, der da unter allem ist – mag es sich verändern oder nicht. Das wird dann sogar unwichtig. Das trifft auf alle Veränderungen zu. Wenn wir nicht um Veränderungen kämpfen, dann kann man offen sein für Veränderungen, die von alleine geschehen. Unsere Aufmerksamkeit richten wir auf das Aufwachen, und dadurch geschehen Veränderungen, manchmal überraschend schnell. Das ganze Leben ist viel schöner und aufregender, wenn wir interessiert und neugierig den Veränderungen zuschauen, die von alleine geschehen, indem wir uns um nichts anderes kümmern als darum, immer tiefer bis auf den Grund zu finden.

F: *Ich habe überhaupt keine Idee, was das für meinen Alltag bedeutet.*

C: Interessiertes, offenes Aufmerksamsein für die Gefühle, die auftauchen, allein oder im Zusammensein mit anderen, so dass beides dir ermöglicht, tiefer zu kommen, ohne dass du eine Veränderung bewirken willst.

Gibt es etwas über Gott zu sagen?

F: *Auf der CD «Die Mystik des Abendlandes» (Anmerkung: diese CD enthält einen Vortrag von Christian Meyer von 2004, zu bestellen über zeit-und-raum) hast du davon gesprochen, dass es einen Punkt gibt, an dem man sich von dem personalen Gott verabschiedet.*

C: Der christliche Mystiker würde dazu sagen: „Natürlich verstehe ich Gott nicht als Person, natürlich verstehe ich ihn als mehr und nicht als weniger als eine Person. Während bestimmte Vorstellungen von «göttlicher Energie» weniger als eine Person sind, so geht die Vorstellung, sich vom personalen Gott zu verabschieden, weit über das Personenhafte hinaus. Das Transpersonale ist mehr und nicht weniger als das Personale.

F: *Was mich beschäftigt ist die Frage, wie komme ich elegant an diesem Gott vorbei? In meinem Kinderkopf ist noch ganz viel von: wie komme ich an diesem Gott vorbei, ohne dass er mir ein Bein stellt?*

C: Warum willst du an ihm vorbei kommen? Wo bist du dann, wenn du an ihm vorbei gekommen bist? Gott als Person zu betrachten, beinhaltet immer die Gefahr, dass wir ihm eine Rolle zuweisen. Das wird deutlich, wenn er allzu konkret als Vater angesprochen wird – oder politisch korrekt als Vater und Mutter – als Herrscher, als Herr oder Gott, dann verstehen wir uns in der komplementären Rolle und das ganze entstandene Gottesbild ist nichts als eine Projektion unserer eigenen Wünsche und Befürchtungen. Dem gegenüber ist Gott natürlich etwas Überpersonales. Wir, das heißt unser Verstand, wissen nichts über Gott! Wenn wir mit den indischen Weisen sagen: „Er ist nicht dies und nicht das“, dann sagen wir implizit auch: „Er ist mehr als dies und mehr als das“.

F: *Der Gott meiner Kindheit war bekloppter als mein Vater, der Maschinenbauingenieur war. Der wusste wie die Dinge funktionieren, die er baut. Aber Gott hat diesen ganzen Mist fabriziert!*

C: Die Frage, warum so viel Leid in der Welt ist, ist vielleicht die schwerste Frage von allen. Wir wissen, dass die Ursache von Leid die Ichhaftigkeit ist. Aber damit wissen wir noch nicht, warum die Ichhaftigkeit sich so verbreitet hat. Warum so viel Leid da ist, das wissen wir alles nicht. Wir können es nicht wissen, darin besteht eine ungeheure Herausforderung an den menschlichen Verstand, anzuerkennen, dass wir dies wie vieles andere nicht wissen können. So bleibt Gott leer. Das Absolute bleibt leer und wir können nur die Stille wahrnehmen – im Gegenübersein und im Einssein mit dem Absoluten.

F: *Da spielt die Würde eine Rolle. Das Nichtwissen entspricht nicht der Dummheit, sondern gehört zur Würde des Menschen!*

C: Unbedingt, ja. Wenn wir meinen zu wissen, wie Gott ist, dann nehmen wir sogar IHM die Würde, weil wir uns dann über IHN erheben. Aber tatsächlich machen wir dann nur wieder uns selber klein.

Angst –Selbstzweifel – Leistungsdruck

F: *Bei mir ist die Haltung gegenüber der Angst als Hindernis aufgetaucht. Ich kämpfe gegen die Angst.*

C: Dann lade die Angst ein. Denn nur, wenn sie auftaucht, kannst du deine Haltung gegenüber der Angst verändern. Warum kämpfst du gegen die Angst?

F: *Da ist vielleicht so ein Glaubenssatz, dass, wenn ich sie besiegen könnte, sie verschwindet.*

C: Warum folgst du nicht dem Glaubenssatz, dass jede Angst, die auftaucht, eine Möglichkeit ist, weiter zu kommen?

F: *Im Kopf ist das schon klar, aber...*

C: Sollte der Kopf klüger sein als das Herz? Das glaube ich nicht!

F: *Ich denke dauernd, ich kann die Liebe nicht ertragen.*

C: Was würde passieren, wenn die Liebe zu stark wird?

F: *Dann würde es mich zerreißen!*

C: Und was ist dann?

F: *Dann wäre ich nicht mehr da.*

C: Und was ist dann?

F: *Das wäre ja eigentlich gut! Aber ich habe solche Angst, als wenn der Teufel vor mir stünde, obwohl ich es eigentlich möchte. Aber ich könnte nur noch schreien, wenn die Liebe kommt.*

C: Jede Erfahrung, die andrängt und bei der der Gedanke auftaucht: „Das zerreißt mich, das halte ich nicht aus", ist nur ein Zeichen dafür, dass du deinem Herzen nichts zutraust. Du glaubst, es ist so klein und dann kann es die Liebe nicht fassen. Aber du glaubst nur, dass es so klein ist, weil du immer schon gegenüber diesem gewaltigen Gefühl und dieser Erfahrung zurückgeschreckt bist. Darum hast du nichts anderes heraus finden können. Wenn du dich also in diese Liebe hinein begibst, die in dir auftaucht, so gewaltig sie ist, dann wirst du erst dieses Zerrissenwerden spüren und dann wirst du merken: „Oh, mein Herz ist ja noch viel größer als diese ganze Liebe!"

Es ist ein bisschen so wie beim Schwimmen-Lernen. An irgendeinem Punkt bist du aufgeregt: „Schaffe ich es?" Du schluckst Wasser und denkst: „Ich schaffe es nicht, ich gehe unter". Doch das ist nur ein Gedanke. Dann merkst du vielleicht, dass du unter Wasser schwimmen kannst, aber sobald du nach oben gehst und Luft holst, nicht mehr. Es sind nur Gedanken! Sobald du dich ins Wasser fallen lässt, kannst du schwimmen! So ist es mit der Liebe auch, die da andrängt. Glaubenssätze engen ein und du kannst sagen: „Nein, ich will heraus finden, ob ich wirklich platze, ob die Liebe mich wirklich überfordert." Und dann machst du neue Erfahrungen, weil du bereit bist, das Unerträgliche zu ertragen. Dann erübrigt sich – wie beim Schwimmen – die Frage, ob das Wasser dich trägt oder nicht.

F: *Bei der Übung sind viele wichtige Dinge aufgetaucht, vor allem der Selbstzweifel, der Leistungsdruck.*

C: Lass uns mit dem Selbstzweifel anfangen. Was für ein Zweifel ist das?

F: *Der Zweifel, dass diese Form das Erwachen realisieren könnte. Oder ich könnte es nicht halten, weil die Form sich als zu begrenzt erfährt.*

C: Warum soll dann jemand anderes aufwachen können und du nicht?

F: *Ich traue mich nicht mal, es mir zu wünschen, denn ich fürchte, ich trete mir auf die eigenen Füße, wenn ich es mir wünsche.*

C: Da gibt es ein Missverständnis. Der Wunsch aufzuwachen darf alles andere überschatten, wenn du es nicht für dich wünschst, damit du etwas davon hast. Nur dann stehst du dir damit selber im Weg, weil es sich dann um das Ich dreht und nicht um das Aufwachen. Du sagtest, dass du allein den Wunsch vermessen findest. Wieso?

F: *Es darf nicht meine Wahl sein. Es ist vielleicht nicht für mich bestimmt.*

C: Warum sollte es für dich nicht bestimmt sein?

F: *Eine merkwürdige Ich-Fixierung, die gerne aufrechterhalten werden möchte. Ich habe das Gefühl, es nicht wert zu sein.*

C: Das Ich hat anscheinend nur die Möglichkeit, sich zu klein oder zu groß zu fühlen.

F: *Beides ist total unangenehm!*

C: Was wäre, wenn die ganze Evolution nur dazu da gewesen wäre, damit du aufwachst?

F: *(lange Stille) Dann würde ich mich dem hingeben wollen.*

C: Genau, tu das! Gib dich dieser Bestimmung vollkommen hin, im Bewusstsein, dass kein Mensch auf der Welt es mehr verdient hat als du. Auch nicht weniger, aber auch nicht mehr.

F: *Das heißt, es gibt überall ein Sich-Wehren gegen das Aufwachen?*

C: Nicht unbedingt, auch bei dir selbst siehst du, wie stark neben dem Wehren der Wunsch der Hingabe ist. Aber auch der Widerstand ist verstehbar, weil man sich zum Aufwachen in diesen inneren Abgrund hinein fallen lassen muss, der Angst auslöst und das Gefühl, dabei sterben und ausgelöscht werden zu können. Und wenn dieses Gefühl auftaucht und du sagst: „Und wenn ich ausgelöscht werden sollte, dann soll es so geschehen“, mit dieser Hingabe steht dem Aufwachen nichts mehr im Wege. (Stille)

Hast du noch mehr Hindernisse?

F: *Der Druck, aufwachen zu wollen, zu müssen, dem Anspruch zu genügen.*

C: Wer sitzt dir da im Nacken? Eine klärende Frage: Was würde das über dich besagen, wenn du aufwachen würdest?

F: *Eigentlich gar nichts Besonderes.*

C: Genau, nichts Besonderes, also gibt's auch keinen Leistungsdruck. Du kannst keine Lorbeeren damit verdienen. Was ist noch ein Hindernis?

F: *Dass ich nicht weiß, was es überhaupt bedeutet.*

C: Das ist kein Hindernis. Stell dir ein Baby vor, das vor der Geburt sagt: „Oh, ich weiß nicht, was auf mich zukommt, solange ich das nicht weiß, muss ich hier drin bleiben." Wenn das ein Hindernis wäre, dass wir nicht wüssten, was auf uns zukommt, dann wären wir alle nicht da.

F: *Einmal das Nichtwissen, andererseits viel zu viele Vorstellungen davon.*

C: Was zum Beispiel?

F: *Losgelöstheit*

C: Losgelöst vom Ich, ja klar, aber was bedeutet das? Was hast du noch für Vorstellungen?

F: *Das Bewusstsein selbst zu sein.*

C: Das scheint mir mehr eine Philosophie zu sein als eine Vorstellung. Wenn dir klar ist, dass es philosophische Sätze sind, die dir auch gar nicht weiterhelfen beim Aufwachen, dann stehen sie dir auch nicht im Weg. Es ist alles in Ordnung. Das Aufwachen bedeutet nämlich gerade wirklich, offen für das Unbekannte zu sein und offen dafür zu sein, diese Weise des Seins zu betreten ohne zu wissen, was auf dich zukommt, wie es sein wird und was da auf dich wartet.

F: *Trotzdem ist da eine Art Resonanz, ist das hinderlich?*

C: Nein, nichts ist hinderlich.

F: *Was ist dann hinderlich?*

C: Nichts mehr. Der Zweifel «ich bin es nicht wert, nur die anderen», war das letzte Hindernis.

F: *Oh, mir fallen da bestimmt noch welche ein. Mein Ich kann das gut, das Ich ist sogar stolz darauf, Zweifel zu finden.*

C: Das Ich spielt bei dieser Angelegenheit keine Rolle. Dies ist eine ernste Angelegenheit und bei ernsten Angelegenheiten spielt das Ich keine Rolle. Es kann sich nur bei Nebensächlichkeiten austoben.

F: *Ich danke dir!*

Zweckfreiheit und der Mensch

F: *Ich nehme gerade eine massive Gedankenaktivität über Nichtigkeiten wahr. Es gelingt mir kaum, feine Gefühle zu fühlen. Bei starken Gefühlen ist es leichter.*

C: Was fühlst du jetzt?

F: *Traurigkeit (weint)*

C: Die Gedankenaktivität ist die Folge der nicht gefühlten Traurigkeit über das Getrenntsein. Spür die Tränen und gibt den Kampf auf, den ganzen Kampf. Der Atem ist noch viel zu kontrolliert. Wie tief ist die Traurigkeit? Kannst du ihren Grund wahrnehmen?

F: *Nicht so richtig, ich schrecke davor zurück.*

C: Was lässt dich zurück schrecken?

F: *Angst und Zweifel, ob das was bringt, mich da hinein zu begeben.*

C: Frag nicht danach! Die Frage, ob es etwas bringt, dieses Nützlichkeitsdenken, diese instrumentelle Haltung zerstört die Lebendigkeit, weil sie impliziert, dass alles für etwas nützlich sein muss, was wir erfahren und erleben. Aber für was sollten wir, für was sollte der Mensch nützlich sein? Heringe sind nützlich, weil man sie essen kann. Der Mensch ist nicht nützlich, gerade das macht sein Menschsein aus. Die Allgegenwärtigkeit des Nützlichkeitsdenkens zerstört unser Menschsein und auch die Liebe zu uns selbst. Sobald du mit der Frage an das Gefühl gehst, was bringt das, zerstörst du die Lebendigkeit und Unmittelbarkeit des Gefühls. Gerade weil du zu nichts nützlich sein musst, bist du ganz Mensch und ganz Liebe. Liebe, die nach Nützlichem sucht, ist nichts wert. Dein Gefühl braucht zu nichts nützlich zu sein, die Erfahrung des Traurigseins, der Lebendigkeit und der Offenheit, die gerade da ist, ist einfach da! Es genügt sich selbst.

F: *Das ist schon der Punkt, das stimmt mit dem Nützlichsein. Es ist wie eine Hülle ohne Inhalt. Aber es ist so stark, dass es mich immer wieder überkommt.*

C: Das Nützlichkeitsdenken ist ein zentraler Bestandteil der Sechserfixierung. Da ist die Idee, indem ich nützlich bin, erwerbe ich mir das Recht, da zu sein. Dann kann ich mich sicher fühlen. Aber tatsächlich wird es diese Sicherheit nie geben!

F: *Das macht mich richtig verzweifelt, die intellektuelle Erkenntnis ändert einfach nichts daran.*

C: Indem du die Verzweiflung fühlst, ändert sich etwas. Die Verzweiflung zu fühlen ohne zu fragen, was es dir bringt, beendet bereits das Muster. Dann entdeckst du, da zu sein! Dann entdeckst du zu sein. Sobald du diese Erfahrung machst, brauchst du dich nicht mehr um Daseinsberechtigung anzustrengen.

F: *Wie komme ich zu der Erfahrung?*

C: Sie ist tiefer, unter der Verzweiflung. Du kannst sie in einer Tiefe erfahren, wie du sie noch nie erfahren hast. So tief, dass sie unauslöschbar ist. Es geschieht, indem du das Nützlichkeitsstreben und das Behauptungsstreben aufgibst, auch mit dem Risiko, mit leeren Händen da zu stehen. Deswegen die Aufforderung, aufzugeben, aufzugeben! So dass du dir sagst: „Ich kann es nicht, weder eine Daseinberechtigung erwirken noch Nützlichkeit, genauso wenig kann ich Kontrolle erreichen. Entweder es kommt von woanders her oder das Spiel ist aus." Das Aufgeben ist die Voraussetzung für die Hingabe.

Ist das Nichts wirklich nichts?

F: *Ich habe noch ein wichtiges Hindernis gefunden, lange Zeit erschien mir das Aufwachen aus folgendem Grunde nicht erstrebenswert: Es wird ja oft vom Nichts gesagt, dass das Unaussprechliche, das Nichts sich selbst nicht wahrnehmen kann.*

C: Doch! Das Bewusstsein nimmt sich selbst wahr. Das ist gerade der Witz! Das Bewusstsein ist sich als Bewusstsein bewusst.

F: *Das Nichts ist jedenfalls für mich nicht erstrebenswert und das bildet eben ein Hindernis.*

C: Was verstehst du unter „Nichts"?

F: *Gar nichts.*

C: Ja, ein Nichts, das gar nichts ist, ist nicht erstrebenswert!

F: *Mein Ego ist weg und sonst ist da auch nichts und möglicherweise keine Freude und keine Glückseligkeit.*

C: Wozu dann das?

F: *Ja, genau.*

C: Was machen wir jetzt? (Stille)

Mach dich selber auf die Suche und finde selber heraus, worin das Nichts besteht. Als Kolumbus nach Amerika gefahren ist, saßen sie auf dem Schiff und haben sich gefragt: „Wenn die Erde vielleicht doch eine Scheibe ist und wir herunter fallen?" Sie sind trotzdem weiter gesegelt!

F: *Das habe ich auch schon gedacht, ich muss es selber heraus finden.*

C: Genau! Es selber heraus finden wollen, was hat es mit diesem Nichts auf sich? „Die einen sagen so, die anderen so, jetzt will ich es selber wissen, jetzt will ich es selber heraus finden!"

F: *Okay.*

C: Hast du auch gelesen, dass das Nichts alles ist?

F: *Ja, die Weisheit sagt, alles ist Nichts, und die Liebe ist das Alles.*

C: Genau. Die Weisheit ist die Leere und die Liebe ist die Fülle. Das eine ist das Nichts und das Andere ist alles. Und beides ist eins.

F: *Das Zweite hört sich schöner an!*

C: Das Einzige, was zählt ist, selber heraus zu finden, was es damit auf sich hat. Das ist das einzige Abenteuer von Bedeutung!

F: *Das klingt gut, danke.*

F: *Was du gerade vom Nützlichsein gesagt hast, hat mich sehr berührt. Ich erlebe seit zwei Monaten, dass mich das Muster in eine solche Erschöpfung gebracht hat, dass ich die letzte Woche komplett impulslos war. Auf der einen Seite dachte ich: „Das ist gut, ich sitze da und nehme wahr und finde es nicht schlimm", auf der anderen Seite denke ich: „Oh, ist das jetzt der Anfang einer großen Depression?" Ich merke, ich habe überhaupt keine Lust mehr zu kämpfen. Ich ziehe mich sehr zurück, bekomme Angst vor Isolation, habe immer Angst davor gehabt, lasse es aber stückweise zu.*

C: Finde heraus, was sich da entfalten will! Wenn du die Haltung einnimmst, offen, aufmerksam und vorurteilsfrei diesen Prozess zu erleben, der sich in dir entfaltet – plötzlich erstaunt zu sein über die Impuls-losigkeit, dann vielleicht Isolation, vielleicht sogar das, was du früher Depression nanntest – wenn du wahrnimmst, was du fühlst und gleichzeitig gewissermaßen mit der Frage lebst, wie kann mir das helfen, tiefer zu kommen, mir selber tiefer zu begegnen, dann stehst du dem Geschehen mit dieser offenen Haltung gegenüber, statt wie früher dagegen anzukämpfen. Und dann ist es in der Regel so, dass man zum ersten Mal sich selbst wirklich begegnet.

F: *In der Übung hatte ich ein starkes Gefühl von Isolation und Alleinsein, um dann festzustellen, dass es mich nicht stört. Ich rufe niemanden an, es gibt so wenig, was ich mitteilen könnte und ich will es auch nicht. Ja, und ich will es auch nicht überspielen.*

Ich will es nicht überspielen, also ist mir alles andere lieber. Ich bin froh, wenn ich es geschafft habe zu sagen, ich bin gerade impulslos. Es ist Schmerz da, aber ein anderer Schmerz als vorher. Es fühlt sich richtig an.

C: Es ist zum ersten Mal wirklich ehrlich und offen!

F: *Ich weiß nicht, was ich damit machen soll und was dabei heraus kommt.*

Ich spüre, dass nach dieser Phase sehr vieles nicht mehr gehen wird. Das macht mir große Angst.

C: Genau, und trotz der Angst läufst du nicht mehr weg. Das ist ein sehr schönes Beispiel, wie man auf eine heilsame Weise dem inneren Prozess begegnet und ihn zu einem Abenteuer werden lässt. Ein Abenteuer ist etwas, was man nicht unter Kontrolle hat.

F: *Komisch ist, dass ich groß war in Abenteuern, aber dies fühlt sich ganz anders an.*

C: Dieses Abenteuer ist das wirkliche Abenteuer, das andere war nur das Spielen in der Sandkiste.

Der klare Verstand und Verstehen des Herzens

F: *Zuerst möchte ich dir von Herzen danken, weil ich zum ersten Mal mit jemandem sprechen kann, der wirklich Klarheit hinein bringt und ich jetzt anfange, mit dem Herzen immer mehr zu verstehen. Auch habe ich jetzt verstehen können, woran es liegt, dass ich immer wieder in das Gefängnis zurück gehe. Ich werde versuchen, bei den nächsten Malen noch genauer hinzuschauen.*

C: Ja, und du kannst dich der Angst öffnen, die dann hochkommt.

F: *Das habe ich gestern abend probiert, habe mich hingelegt und habe versucht zu sterben. Da wurde die Stille immer tiefer, so etwas wie ein Loch ist entstanden. Und in dem Moment kam eine riesige Angst hoch und ich wusste nicht, was ich damit machen soll.*

C: Vorher konntest du diese Angst noch gar nicht wahrnehmen, weil du noch nie so tief nach innen gekommen bist! Viele Menschen sagen: „Oh, ich habe gar keine Angst." Aber sie sind gewohnt, sich oberhalb aufzuhalten. Dieser Angst zu begegnen, ist der Schlüssel zum Tieferkommen und auch zum Aufwachen.

F: *Dann bin ich eingeschlafen, wieder wach geworden und auf einmal habe ich gemerkt, dass dieses ganze Ich-hafte Angst bekommen hat! Schon erstaunlich! Ich weiß nicht, was danach kommt und ich lade die Angst ein und es ist mein größter Herzenswunsch, tiefer zu kommen und ich vertraue dir und übe.*

C: Es ist schön, dass du meine Worte ganz konkret als Anleitung nimmst, um selber die Erfahrungen zu machen. Die Worte sind Anleitungen für innere Erfahrungen. Dann sind die Worte nur – wie der Zen-Buddhismus sagt – der Finger, der auf den Mond zeigt und nicht der Mond ist. Erfahrungen sind das Wichtige, da gibt es nichts zu glauben oder zu bezweifeln, du machst Erfahrungen oder du machst sie nicht.

F: *Ich war bei vielen erwachten Lehrern, aber irgendwie hat mir eine Erklärung gefehlt und du hast intelligente Erklärungen, ich danke dir! Es ist eine einmalige Chance, hier bei dir zu sein!*

C: Was ist noch übrig geblieben in bezug auf die Hindernisse, die wahrgenommen wurden oder aufgetaucht sind?

F: *Ich werde fast jeden Morgen mit Angst wach. Ich merke, dass ich dann in Gedanken oder irgendwelche Konstrukte flüchte, die Angst zu einer konkreten Angst mache, bezogen auf ein konkretes Ereignis vom Tag oder so. Manchmal, wenn es mir gelingt dabei zu bleiben, wird mir bewusst, dass es eine Angst vor dem physischen Tod ist oder der Erfahrung, nicht mehr zu sein, nicht zu wissen, was dann ist. Das wird dann Panik und ich lenke mich in eine existenzialistische Richtung und verfalle in einen grauen Fatalismus. Das passiert ganz oft und ich komme nicht richtig davon weg.*

C: Was sagt der Fatalismus, wenn er eine eigene Stimme bekommt?

F: *Es hat sowieso alles keinen Sinn und was strampelst du dich ab. Es endet sowieso im Nichts und es ist hoffnungslos und wir sterben sowieso alle, dein Kind stirbt, dein Mann stirbt, und du kannst niemandem helfen, auch dir selbst nicht.*

C: Und was für ein Gefühl ist damit verbunden?

F: *Im Moment weiß ich das nicht, manchmal ist es Schmerz über die Hoffnungslosigkeit.*

C: Es ist gut, wenn du diesen tiefen Schmerz fühlst. Das Gefühl ist sehr ernst zu nehmen, auch wenn es eher auf Gedanken basiert. Es ist die Erkenntnis, dass dieses Leben in der materiellen Sphäre nicht das gibt und erreichen lässt, was es zu Anfang versprochen hat: Glück, Erfülltsein, erfolgreich mit den therapeutischen Mitteln anderen Menschen zu helfen. Das verwirklicht das Leben in der materiellen Sphäre nicht! Das gibt es nicht. Alle Beziehungen fangen mit Illusionen an und werden Kompromisse und das ist in Ordnung. Beziehungen sind nicht der Himmel auf Erden, das können sie auch nicht sein. Man kann das den Beziehungen nicht anlasten, dass sie keine wirkliche Erfüllung bringen können! Zu Anfang hat man sich Erfüllung durch die Beziehung erhofft. Gerade dieser Anspruch belastet die Beziehung, lässt auf Dauer Enttäuschung, Groll und Verbitterung entstehen, deren Ursache dann auf den Partner projiziert wird.

Diese Entdeckung ist ein wichtiger und unangenehmer Schritt. Man kommt dann in das, was man die existenzielle Depression nennt oder die existenzielle Niedergeschlagenheit.

Es taucht eine tiefe Verzweiflung auf. Der Existenzialist Sören Kierkegaard (1813-1855) sagte, der Mensch ist verzweifelt, auch wenn er es nicht weiß. Wenn die Verzweiflung nicht gefühlt wird und die Resignation im Vordergrund steht, dann kann es zu dieser existenziellen Depression kommen, die ganz verschieden ist von der normalen Depression, die man eine Ich-Depression nennen könnte.

Die Angst vor der Angst

F: *Mir gelingt nicht, bei der Angst zu bleiben, ich habe Angst, mich ganz auf die Angst einzulassen.*

C: Was wäre, wenn du an die Angst mit der Freude und Dankbarkeit heran gehst, dass dir nichts so sehr hilft, dem Aufwachen näher zu kommen wie die Angst? Der ganze Weg hin zum Aufwachen dreht sich um ein Annähern an die Angst, um eine Begegnung mit der Angst, darum, die Angst aushalten zu können, um ein Durchleiden der Angst, um ein Weiteratmen, während die Angst da ist, um ein Hineinfallenkönnen in die Angst. Eigentlich dreht dich der größte Teil des spirituellen Weges darum.

F: *Theoretisch weiß ich das, aber wenn ich morgens aufwache, bleibe ich nicht dabei.*

C: Mach die Augen zu, was erfährst du jetzt?

F: *Mein Herz klopft ziemlich schnell und gleichzeitig ist es still.*

C: Wie tief ist die Stille?

F: *Fühlt sich sehr weit an.*

C: Ja, sehr weit. Und wie tief?

F: *Ich bleibe an meinem Herzen hängen.*

C: Gut, dann bleibe bei deinem Herzen und nimm wahr, wie es schlägt. Nimm es wahr ohne etwas verändern zu wollen. Indem du das schlagende Herz spürst, hast du Teil am Wunder des Lebens. Vielleicht kannst du wahrnehmen, dass der Herzschlag sich verändert. Vielleicht kannst du wahrnehmen, ob mit diesem schnellen Herzschlag auch ein Gefühl verbunden ist.

F: *Da kommt so etwas wie Einverstandensein.*

C: Verändert sich der Herzschlag?

F: *Ja, er wird ruhiger.*

C: Indem der Herzschlag ruhiger wird, bist du in der Lage, dich tiefer fallen zu lassen. Und bist dir der Haltung bewusst, alles geschehen zu lassen, statt dass du selber etwas tust. Wenn du einen Sog wahrnimmst, dann überlasse dich dem Sog. (Stille) Was erfährst du jetzt?

F: *Es ist ganz still und unendlich tief.*

C: Erlebst du auch ein Fallen? Gib dich dem hin. Du kannst aufwachen! Es ist alles in Ordnung! Du kannst mehr und tiefer als bisher loslassen. Du musst es nicht selbst tun.

F: *Was mir gerade klar wird, ist die Machtlosigkeit. Ich kenne die Angst gut, egal wie still und friedlich ich einschlafe. Wenn ich nachts oder morgens aufwache, ist da Angst und eine tiefe Kontraktion, das Gegenteil von Hingabe. Wenn ich mich der tiefen Kontraktion hingebe, bleibt sie und es passiert gar nichts. Ich kann dann alle möglichen Gedankenkonstruktionen benutzen, aber sie bleibt sehr unangenehm. Aber, was ich gerade gemerkt habe, ist, das hat ganz viel damit zu tun, dass ich denke, nicht in Ordnung zu sein, mir nicht genug Mühe gebe. Ich habe zwei Beziehungen an die Wand gefahren. Egal, wie sehr man liebt, man schafft es nicht, diesen Abgrund zu überwinden. Das Ich schafft es nicht.*

C: Nein, niemand, es liegt nicht in unserer Hand.

F: *Das war noch so ein Kinderglaube, wenn man sich genug liebt, dann muss das gehen, aber es geht nicht.*

C: Was erfährst du jetzt?

F: *Schmerz und Einverstandensein damit.*

C: Die Kontraktion, die du beschreibst, ist nicht die Angst selbst, sondern die Reaktion auf die Angst. Sobald du dich der Angst öffnest, machst du eine andere Erfahrung.

F: *Immer, wenn ich nach innen gehe, lande ich sofort in meinem Solar Plexus und es ist wie bei deinem Bild vom schwarzen Loch. In diesem schwarzen Loch ist ein subtiler Schmerz, und es fühlt sich so an, als würden alle Gefühle hinein gezogen. Manchmal ist es wie ein Stein, auch kalt. Letzten Donnerstag, als ich zum ersten Mal hier war und die Übung gemacht habe, war da etwas anderes. Da war plötzlich kein Loch, sondern ein angenehmes lebendiges Pulsieren. Das kenne ich nur selten.*

C: Die Anspannung im Solar Plexus war schon ganz früh deine Methode, die Gefühle nicht so schmerzhaft fühlen zu müssen. Jetzt musst du den Weg zurückgehen, so dass du dich deinen Gefühlen wieder zuwendest. Die Anspannung hält die Gefühle fest. Wenn du dich dem Gefühl zuwendest, braucht die Verspannung gar nicht erst aufzutreten. Bisher stehen bei dir die Körperempfindungen noch im Vordergrund, sie haben eine laute Stimme und die Gefühle eine leise. Um diese leise Stimme der Gefühle hören zu lernen, musst du dir mehr Zeit geben. Hinatmen zum Solar Plexus, beim Einatmen stellst du dir vor, dass die Anspannung schmilzt, beim Ausatmen stellst du dir vor, dass die gelöste Anspannung wegfließt. So kann die Anspannung sich lösen. Dann frage dich, „Was fühle ich jetzt? Welches Gefühl ist darunter?“ So dass es wieder – oder zum ersten Mal – zur Gewohnheit werden kann, die Gefühle wahrzunehmen. Gerade zu Anfang ist das ein Prozess, der sehr viel Aufmerksamkeit erfordert! Die Gewohnheit, dich anzuspannen, ist im Solar Plexus richtig «eingefleischt». Die Bewusstheitsübung hilft dir dabei.

F: *Ich danke dir.*

C: Ich danke dir.

F: *Ich wollte nur sagen, dass sich etwas geändert hat, zu Freitag, als ich sagte, dass ich der Leere ausweiche und davon renne. Jetzt war da ein Gefühl: Es ist doch völlig egal, wenn die Leere kommt, und das war total befreiend. Auch meine Sorge, dass ich hier zu sehr auffalle mit meinem ewigen Weinen, ist zum ersten Mal einfach weg! Es ist so eine Befreiung, vor der Leere nicht mehr davon rennen zu müssen. Und vor der Einsamkeit auch nicht!*

C: Ja, dann fällt der ganze Kampf ab. So wird die Einsamkeit ein Abenteuer, bei dem man etwas gewinnen und entdecken kann. Sehr schön! Und es ist interessant, wie lange das manchmal dauert, nicht? Du hast es ja nicht zum ersten Mal gehört. Aber das ist der Unterschied zwischen Hören und Einsicht, denn eine Einsicht, die auf innerer Erfahrung beruht, verschwindet nicht mehr!

Stille im Alltag

F: *Ich fühle gerade mein Herz sehr stark, spüre eine große Dankbarkeit dafür, mich verbunden zu fühlen und in diesen Tagen meine Tiefe zu spüren. Was mich bewegt ist, dass es im Alltag wieder eng wird und ich kontrahiere. Wenn ich mit Kommunikation überschüttet werde oder es unterschiedliche Meinungen gibt, dann merke ich, dass dieser Raum, der jetzt da ist, wieder eng wird und ich mich im Kopf wiederfinde. Ich versuche dann, meinen Körper wieder zu fühlen, aber bei weiterer Überflutung wird es immer enger. Meine Frage – theoretisch weiß ich es – in den Körper zurückkehren, die Atmung fühlen...*

C: Die Bewusstheit der Atmung allein hilft nicht. In Therapien wird oft gelehrt, dass du mit deinem Körper Verbindung aufnehmen musst. Das ist nur die halbe Wahrheit! Die Körperempfindungen sind natürlich auf Dauer langweilig. Was spannend ist, ist das, was du fühlst. Ob da Freude ist, Wehmut, ob da Verzweiflung ist, ein Lustgefühl, eine Heiterkeit, ein tiefer Schmerz, ob da eine Angst auftaucht und dann ein Mut, der Angst zu begegnen. Das ist das, was das Leben ausmacht! Ob der Atem eng ist oder das Knie drückt, das ist langweilig. In den Körper hinein spüren wird nur zu einem Abenteuer, wenn du ihn als Tür zu den Gefühlen und tieferen Erfahrungen betrachtest! Es scheint leichter, sich auf die Körperempfindungen zu konzentrieren, denn die Gefühle sind irgendwie gefährlich, viel weniger greifbar und entziehen sich von vorne herein der Kontrolle, aber sie bringen uns dem Leben näher!

F: *Das kann ich gut nachvollziehen, wenn ich jedoch kommuniziere, dann brauche ich Zeit, um alles zu fühlen. Dann bin ich als Kommunikationspartner nicht mehr richtig präsent, weil ich mich um meine Gefühle kümmere.*

C: Das braucht nicht so zu sein. Es liegt daran, dass du neben der Kommunikation mit deinen Gedanken zur Kommunikation beschäftigt bist. Und diese Gedanken halten dich vom Gefühl ab, nicht der Austausch mit den anderen. Da oben im Kopf kommentiert, fragt und denkt und beurteilt jemand die ganze Zeit.

F: *Ich erlebe in der Kommunikation, dass ich nur noch das Notwendigste zu sagen habe. Meine Gegenüber versuchen, die entstehende Stille mit Floskeln aufzufüllen, und dann bekomme ich das Gefühl, weglaufen zu wollen, weil ich es nicht mehr ertrage. Ich merke, der größte Teil des Gesprächs ist nur dazu da, Stille mit Lärm aufzufüllen! Wenn ich mich mit jemandem unterhalte, dann nutzt er – wenn ich eine Pause entstehen lasse, weil erst die Worte auftauchen müssen – die Pause, um selbst zu reden. Das macht mich wütend.*

C: Man muss sich gemeinsam um neue Verhaltensweisen bemühen – damit die Stille und die Begegnung, die Stille und der Austausch zusammenkommen.

Über den Autor

Christian Meyer, geboren 1952, lebt mit seiner Frau und deren beiden Kindern in der Nähe von Berlin. Seine intensive spirituelle Suche endete 1998, als er seinem Lehrer Eli Jaxon-Bear begegnete, der in der Tradition von H.W.L. Poonja und Ramana Maharshi steht. Der Wunsch von Poonjaji, das Feuer der vollständigen Freiheit und Selbstverwirklichung, also das Feuer des Aufwachens, möge sich ausbreiten, wurde nun auch zum zentralen Anliegen von Christian Meyers Arbeit.

1999 gründete er das spirituelle Zentrum „zeit-und-raum" in Berlin. Seine Arbeit ist einfach, klar und direkt, sie ist fokussiert auf das unmittelbare Aufwachen, Hier und Jetzt. In den letzten 10 Jahren hat er – anhand der verschiedenen spirituellen Traditionen und auch der psychologischen Erkenntnisse des Abendlandes – die Schritte erforscht, die der Einzelne für das Aufwachen gehen kann. Zwar ist das Aufwachen nicht tätig herbeizuführen oder zu kontrollieren, es geht jedoch um ein Anhalten, ein Stillwerden, ein Zurücktreten, und somit um einen aktiven und bewussten Prozess.

Für seine Arbeit nutzt Christian Meyer das Enneagramm sowie Gestalttherapie, Körpertherapie, NLP, Hypnose und Familienaufstellungen.

Er studierte Psychologie, Soziologie und Volkswirtschaft und hatte von 1980-1992 Lehrtätigkeiten als Diplom-Psychologe und Diplom-Volkswirt an Universitäten in Hamburg und Berlin inne.

Neben seiner kontinuierlichen Arbeit in Berlin leitet Christian Meyer Retreats, Seminare und Treffen in Deutschland, Polen, Österreich und den USA. Ebenso bietet er Weiterbildungen in spiritueller Therapie, auch für Ärzte und psychologische Psychotherapeuten an. Ziel seiner Arbeit ist die Verbindung des Aufwachens mit der Psychotherapie, basierend auf seiner 25-jährigen psychotherapeutischen Erfahrung. Zusammen mit seiner Frau Dr. Angelika Winklhofer führt er regelmäßig Seminare zum Enneagramm und zur Familienaufstellung durch, beides sind wichtige Werkzeuge im Kontext des Aufwachens.

Im Verlag J. Kamphausen erscheint März 2009 das Buch:
Aufwachen - Der Weg der inneren Erfahrung

In Vorbereitung: *Sieben Schritte zum Aufwachen.*
Der spirituelle Weg im 21. Jahrhundert
Verlag J. Kamphausen
Voraussichtlicher Erscheinungstermin Frühjahr 2010:

Gespräche über die Stille
Regelmäßige Treffen mit Christian Meyer in Berlin
Montag und Donnerstag 19:30-21:30 Uhr im
Zentrum zeit-und-raum, Grunewaldstraße 18, 10823 Berlin

Weitere Infos und Termine unter: www.zeitundraum.org

zeit-und-raum
Grunewaldstr. 18 10823 Berlin
Tel.: 0049 - (0)30 - 47 98 16 26
www. zeitundraum.org

Christian Meyer
Aufwachen
Der Weg der inneren Erfahrung